李亚农古文字研究四种

李亚农 著
马军 编

上海社会科学院出版社
SHANGHAI ACADEMY OF SOCIAL SCIENCES PRESS

出版说明

李亚农先生，一九〇六年六月二十六日生，四川江津人，著名历史学家，长于中国古代史。一九一六至一九三二年赴日本求学，曾入京都帝国大学文学部。其间，参加中国共产党，从事革命活动，被捕入狱达三年之久。一九三三年回国后，在北平、上海从事教学和学术工作。一九四一年冬，到苏北加入新四军，任敌工部副部长，专事对日俘教育。一九四六年春，任华中建设大学校长兼党委书记。

中华人民共和国成立后，负责接管、主持上海科学机关的工作，先后担任中国科学院华东办事处主任、高教处副处长、文物管理委员会主任委员等职。一九五六年中国科学院成立上海历史研究所筹备处（后改筹备委员会），李亚农主持筹备事宜。一九五九年上海历史研究所筹备委员会划归上海社会科学院，改称上海社会科学院历史研究所，遂为首任所长。一九六二年九月二日因病逝世。

二〇一八年上海市社会科学界联合会公布了首批六十八位『上海社科大师』的名单，李亚农先生位列其中。

本书影印收录的四种文献《铁云藏龟零拾》《殷契摭佚》《金文研究》《殷契摭佚续编》，系李亚农先生自日本归国后，到赴苏北从军前，从事中国古文字研究的主要成果。其形成缘由和背景情况，上海社会科学院历史研究所的前辈们早有精确的概述，兹恭录如下：

这时，他改名为李旦丘。这个化名是以周公旦和孔丘缀合而成的。他决定把自己的时间、精力转到学术研究上来。一九三七年，仍通过沈尹默先生的介绍和帮助，他进了孔德图书馆。孔德图书馆是法国人出钱办的中法文化出版委员会下属的一个汉学研究机构，沈尹默先生任馆长，以后又成立孔德研究所，仍由沈尹默先生任所长，实际是同一个机构。亚农同志进了孔德图书馆，开始了自己的学术研究工作。沈尹默先生希望他多看些目录版本之类的书，因为这同图书馆工作的性质是一致的，亚农同志也不拒绝，但他自己的意思是想搞甲骨文、金文之类的研究。这是受郭沫若同志影响的关系。一九六二年，亚农同志在《欣然斋史论集·总序》（即《论承前启后》一文）中曾回顾说：『著者在抗战前，本来是喜欢搞一点甲骨文、金文什么的，打算在认识几个契文、金文之后，然后在这些最古老的文字中去研究一点古代社会情况。谁知道一钻进这些甲骨、鼎彝堆中，便乐而忘返，竟把古代社会的研究置诸脑后，研究起中国古代文字学本身来了。』这样，他从一九三七年开始，利用孔德图书馆的资料，先后写了四本古文字学著作和一些单篇论文。

第一本著作是《铁云藏龟零拾》，孔德图书馆丛书第二种，一九三九年五月，由中法文化出版委员会出版。一九三八年夏天，亚农同志从友人那里见到吴振平所藏甲骨拓墨九十三片，『始屏除百虑，复专心致志于古代文字之探讨。』（《铁云藏龟零拾·序》）这批甲骨文片系刘鹗旧藏，有几片已见于《铁云藏龟》，但大多数未经著录。亚农同志把这九十三片甲骨逐一进行考释，并提出了自己的看法。

第二本著作是《殷契摭佚》，孔德图书馆丛书第三种，一九四一年一月出版，由来薰阁书店发行，实际上是由孔德图书馆出资，上海商务印书馆印刷的。一九三九年春，一个书商带了罗振玉所藏甲骨拓墨千余片来到孔德图书馆求售，沈尹默先生就把它买了下来，并交给亚农同志研究。『入秋以后，余始选其文句之较完整者与乎文字之较值注意者凡一百一十八片，编为是篇。非敢自谓有以贡献于契林，不过保存古代文化之微意云尔。』（《殷契摭佚·序》）本书撰写体例全仿《铁云藏龟零拾》，拓片分为：一、祭祀，二、贞夕贞旬，三、用牲，四、田猎，五、征伐，六、杂卜。

第三本著作是《金文研究》，孔德研究所（此时已改为研究所）丛刊之四，一九四一年七月出版，来薰阁书店发行。亚农同志在这部书的《跋》中写道：『从去年（按：指一九三九年）十月起，我开始了金文的研究。到今年七月底，大概把上海书肆中所能购买到的金文文献通通看了一遍，间或也得到一些心得。入秋以来，乘着金风送爽，灯火可亲的时候，才提起笔来写。把半年来往还于心中的一些思想写出来，于是乎成功了这薄薄的一本小册子。』亚农同志在这本金文著作中，『大胆的来了一个新的企图：即追求文字的构成要素的变化，更进一步而穷其历史的发展。因为这一新企图之故，或许又有人要讥之为「奇特之士」了。墨守成规，每易获谨严之誉，欲求进步，辄难免奇特之讥。……余虽不敏，也是以追求学术的进步为己任的。对于前人的研究成果，可接受者无不乐于接受；至其错误，却决不愿盲从。在方法上，也不愿为旧法所囿。不管人家怎样说，宗旨总是如此。知我罪我，任之而已。』（《金文研究·跋》）亚农同志以郭老作为自己的楷模，开始注意了马克思主义对金文研究的指导，他说：『本书所征引的学说，差不多都出自郭鼎堂先生。鼎堂是著者的同乡前辈。他的《两周金文辞大系》的规模之宏伟，在中国金文学史上，诚所谓迈古超今。一千年来，金文学家辛勤研究的成果，不消说是摄取在大系之中的，而鼎堂自身创获之丰，又有远迈前人者在。因此，我写这本小册子的时候，大概都是利用他的著作。他给了我不少的便利和暗示，这是我应向这位前辈致谢的。』（《金文研究·跋》）

第四本著作是《殷契摭佚续编》，署名李亚农。本书完成于一九四一年，也是在孔德研究所期间的著作，『因抗日战争日趋紧张，太平洋事变继之爆发，遂无法付印，乃托友人代为保存。』（《殷契摭佚续编·自序》）一九四九年五月上海解放，亚农同志来上海，『于友人家中寻得旧稿，经此长期战祸，居然未毁于兵燹。』（《殷契摭佚续编·自序》）一九五〇年九月以中国科学院名义在上海商务印书馆印刷成书。此书的甲骨文拓片来源，一是取自画家顾青瑶收藏的一九一〇年前后出土的甲骨而为孔德研究所在一九四〇年所收购的，另一部分是孔德图书馆向上海古董商收购的『近年（按：指一九四〇年前后）出土之物』，共收甲骨三百四十九片。内容也分为：一、祭祀，二、用牲，三、食货，四、田游，五、征伐，六、天象，七、贞夕贞旬，八、杂卜。（《光辉的一生——李亚农同志传略》，《史林》一九八六年第三期）

李亚农先生既是学术大师，也是革命家，是上海社会科学院历史研究所的光荣！在中国共产党成立一〇〇周年的前夕，我们隆重推出本书，自有特殊的学术和政治意义。

在本书的创意、立项和编辑过程中，上海社会科学院历史研究所图书资料室的金秀才、褚晓琦、田一平、蒋宏达老师，以及古代史研究室的司马朝军研究员，曾给予了有益的指点。上海社会科学院出版社社长佘凌女士，资深编辑陈如江、霍覃先生，更是鼎力支持、悉心工作。李亚农先生哲嗣李小骝先生则多有鼓励。在此，编者一并表示真挚的感谢！

马　军

撰于上海社会科学院历史研究所

二〇二〇年八月

李亚农

目录

鐵雲藏龜零拾

尹默

孔德圖書館

叢書第二種

余返國後執教鞭於北平各大學者凡四年餘因故南下垂滬久羈多暇沈先生尹默乃勗余治契學余亦有志於此丁丑春稍稍涉獵諸家著作未半年而八一三之役作觸目時艱心緒棼亂研究為之中輟者久之直至去夏吾友金且同君攜會稽吳振平先生所藏甲骨拓墨九十三片來寄存館中且囑余為之攷釋余始屏除百慮復專心致志於古代文字之探討按吳氏所藏甲骨本鐵雲舊物其中數片已見鐵雲藏龜然多半係未經著錄者今得公之於世其於學術豈無小補爰不揣譾陋畧加按語於釋文之後以供讀者參攷非敢妄立新説自鳴獨創不過蠡測管窺竊願獻其一得之愚耳博雅君子其亦肯進而教之乎

己卯正月江津李旦丘叙於上海孔德圖書館

凡例

一本編拓片為數不多故未加分類編號次序悉依吳氏之舊

一卜辭原文原有左行右行之分今釋文一律左行以便觀覽

一本編所引諸家著錄之卜辭均僅注其書名之畧稱今特列一畧稱表於左以備檢閱

前	殷虛書契前篇	羅振玉編
後	殷虛書契後篇	羅振玉編
續	殷虛書契續篇	羅振玉編
菁	殷虛書契菁華	羅振玉編
戩	戩壽堂所藏殷虛文字	姬佛陀編

藏	鐵雲藏龜	劉　鶚編
拾	鐵雲藏龜拾遺	葉玉森編
通	卜辭通纂	郭沫若編
粹	殷契粹篇	郭沫若編
福	福氏所藏甲骨文字	商承祚編
佚	殷契佚存	商承祚編
甲	龜甲獸骨文字	林泰輔編
卜	殷契卜辭	容　庚編
錄	甲骨文錄	孫海波編
真	殷虛文字存真第一集	關葆謙編

鐵雲藏龜零拾

江津　李旦丘編

一

鐵雲藏龜零拾

一

孔德圖書館

二

三

四

五

鐵雲藏龜零拾

二

孔德圖書館

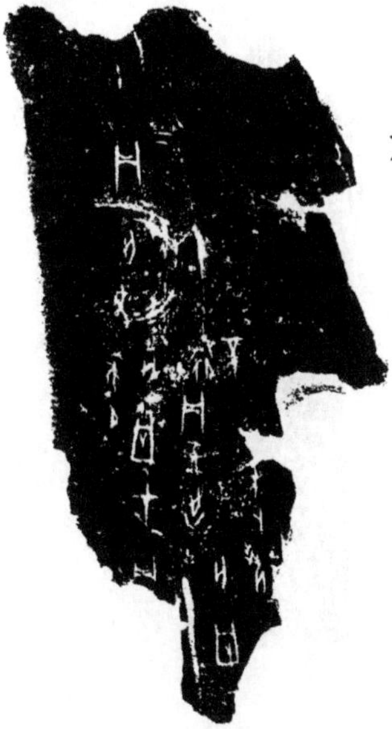

六

七

八

九

一〇

一一

一二

一三

一四

鐵雲藏龜零拾

三

孔德圖書館

一五

一六

一七

一八

一九

二〇

二一

二二

鐵雲藏龜零拾

四

孔德圖書館

二三

二四

二五

二六

二七

二八

二九

三〇

鐵雲藏龜零拾

五

孔德圖書館

三一

三二

三三

三四

三五

三七

三六

三八

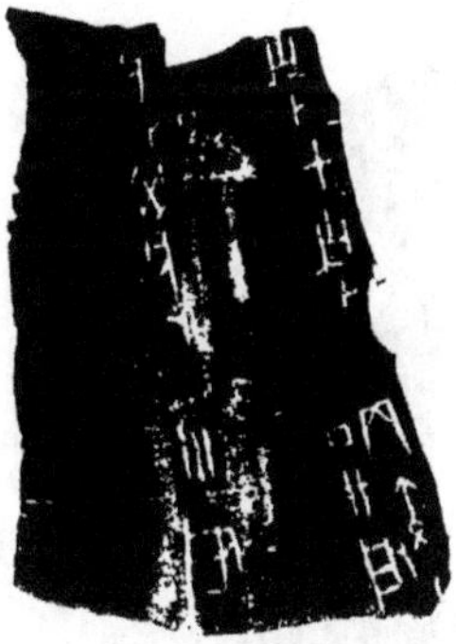

三九

四〇

四一

四二

四三

四四

四五

四六

四七

鐵雲藏龜零拾

七

孔德圖書館

四八

四九

五〇

五一

五二

五三

五四

五五

五六

五七

五八

五九

六〇

鐵雲藏龜零拾

九

孔德圖書館

六一

六二

六三

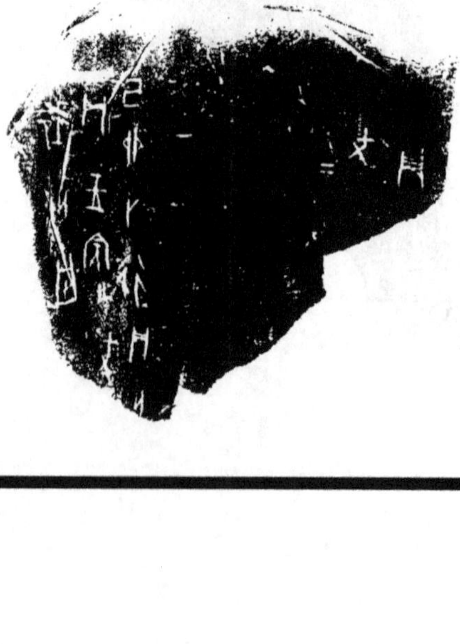

鐵雲藏龜零拾

十

孔德圖書館

六四

六五

六六

六七

六八

六九

七〇

七一

七二

七三

七四

七五

七六

七七

七八

七九

八〇

八一

鐵雲藏龜零拾

十二

孔德圖書館

八二

八三

八四

八五

八六

八七

八八

八九

九〇

九一

九二

九三

鐵雲藏龜零拾考釋

江津　李旦丘

第一片

甲

甲子卜𢦏貞□于大 缺

□海甯王氏云卜辭屢云□牛蓋亦用牲之名□象立木形殆觀禮爾雅所謂升或庪縣也（戩壽堂所藏殷虛文字攷釋第三葉）唐蘭先生更釋□為桒謂即金文⿰食桒字所从之□亦即矢尊之⿰示桒祭今按王說唐說均可信桒祭雖不見於經傳殆縣牲而祭之祀典也

大字下奪一甲字

乙

貞桒于大甲𧴪一羊三豕卯 缺

丙

貞㞢涉于東矢

[illegible]疑是十牛二字合文東矢當是水名流域不可知

丁　貞執㞢于缺

㞢郭沫若先生讀爲有通侑

戊　丙寅缺𢦏

貞我受

年

第二片

甲　癸丑卜缺

貞不其

于多子

田

乙　缺亥卜王

貞弗

其

罘奠

四月

人名字不識

乃契文習用字刻有此字之卜辭余瀏覽所及已達一百五十片左右諸家考釋極端紛歧訖未一致故一九三四年出版之孫海波先生撰甲骨文編尚收此字於待問附錄中

瑞安孫氏云此當為佀字說文人部佀象也从人㠯聲此从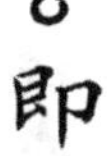即㠯字（巳部㠯用也从反巳此即反巳之形）从即人之省古佀㠯聲同字通此文疑當讀為㠯小爾雅廣詁云㠯用也（契文舉例下卅）

四頁

葉玉森先生承繼孫說謂讀吕訓用形既相近誼亦可通殷虛書契前編集釋第十一葉第五片

郭沫若先生云卜辭有丩字或作丩余謂此乃挈之初字說文云挈懸持也此正象懸持形其顯然用為挈字義者有如下諸例

貞令畢丩衆伐吕方後上十六葉十片

戊辰貞翌巳亞三丩衆人彡缺彔亏保我前七卷三葉一片

郭氏又謂通假之例更有一事與挈契義全異

貞丩牛五十戩卅五葉一片

王貞丩其十牛前五卷卅六葉一片

案此則當讀為騂牛之騂周禮地官草人凡糞種騂剛用

牛鄭注云故書騂為挈杜子春挈讀為騂挈之讀為騂陰陽對轉也（甲骨文字研究釋挈）

商承祚先生云□乃氏羌之氏小篆作□乃其從出卜辭有合稱氏羌或單稱氏或羌者（福氏所藏甲骨文字第七片）

吳其昌先生云□者殷代祖丁南庚羊甲時之名臣又謂□為地名（殷虛書契解詁第八十片）

商説吳説之誤明如觀火郭氏之非葉氏亦已辨之葉氏云郭氏釋□為挈苦挈牛不辭乃取鄭杜經説讀挈牛為騂牛考卜辭中亦云□羊（後下第十二葉之十三）□麋（前卷四第十八葉之八）□麑（甲骨文字一第廿五葉之十一）似不能讀為騂羊騂麋騂麑也

今按諸家考釋孫釋最為近是惜尚未能得其真蓋□即以字而非似字考金文中之公字作□（毛公鼎）□（彔敦）□（楚公鐘）

而甲骨文之公字亦作㕣㕣（前卷二第三葉第七片）㕣（菁十第一片）均从八从口韓非子云背厶為公又云自營為厶（今本韓非營作環）故知環形之口即厶字亦即の字之所从如鐵雲藏龜第一葉第一片之の鐵雲藏龜拾遺第十二葉第三片之の殷虛書契前編卷一第十三葉第四片之㔾皆分明从口不過為便於契刻計將口形斜豎耳勹即人字从人从厶決為以字無疑

の字又省作乚如

丁酉卜（缺）妣乙乚（訓用）羊（戩第七葉）

弜（缺）于祖乙乚（通與）祖丁祖甲（拾第一葉第十一片）

習之既久後人但知乚之為以反不知の之為以矣後人既以乚為以及見の字乃不得不另創一从人从以之似

字以釋之以字本即从人今又加一人作直是架床疊屋故誤釋𠃌為似者不獨孫氏自二千年前之古人已然以訓用又古以與通

其可訓為用者有如下諸例

貞勿乎呼𠃌□伐呂方弗其受㞢又佑粹第一〇七四片

貞王勿令□𠃌眾伐呂方後上第十六葉第七片

令亯𠃌多射衛示乎呼□後下第廿五葉第八片

□不𠃌十朋藏第一百四十葉第一片

牛弗其𠃌藏第一百七十八葉第三片

貞𠃌牛五十前卷一第二十九葉第一片

貞王𠃌其十牛前卷五第四十六葉第一片

𠃌羊六前卷七第八葉第四片

貞追弗其□牛（後下第四十葉第七片）

缺卜□牛（甲卷二第十六葉第六片）

貞□卒□罝芻（前卷一第十一葉第五片）

缺卜戋貞 缺□多□（藏第一百一十八葉第二片）

允□三百 缺□人 缺（藏第一百八十八葉第三片）

貞乎帚井□□（福第六片乙）

帚姘□□往（前卷七第十二葉第三片）

侯虎往余不□其合□乃汝事歸（前卷七第三十六葉第一片）

不□其合□乃事歸（菁第七葉第一片）

丙寅卜貞 缺丁亥子美 缺見□歲于 缺示于丁于母庚于

缺（前卷一第二十九葉第二片）

子美見□歲于丁（前卷七第二十八葉第二片）

貞𢀛弗其の王臣藏第一葉第一片
允[?]の㞢 侑 元臣前卷四第三十二葉第五片
甲申 缺 貞令 缺 の麋 缺 于 缺 前卷四第四十八葉第四片
冎見の麑于上甲甲卷一第二十五葉第十一片
令 缺 の邑衆甲卷一第二十五葉第十一片
貞[?]弗其の吕此字从厶从口疑是台字前卷一第四十六葉第一片
貞[?]の省白吕前卷一第四十六葉第三片
甲申卜𢦏貞尹の[?]子前卷七第四十三葉第一片
貞尹弗其の[?]子前卷七第四十三葉第一片
貞 缺 [?] 缺 の 缺 眔[?]前卷五第三葉第五片
甲戌卜貞般圂の拾第十二葉第三片
貞般圂の前卷四第十六葉第八片

鐵雲藏龜零拾　考釋　五　孔德圖書館

貞龜不其南の（前卷四第五十四葉第五片）

戊寅卜貞王往の衆黍于□（前卷五第二十葉第二片）

圅の者以圅也南の者以南也（今按南即詩經鼓鐘四章以雅以南之南乃樂器之名郭讀為鈴）其他如其の（甲卷一第二葉第十五片）即用也弗其の（藏第二百一十七葉第一片）即不用也貞㐅（前卷一第十三葉第四片）即貞用也貞並ㄗ（佚第五十七片）即貞並用也

其與與通者有如下諸例

辛未卜の父京旬（藏第十四葉第四片）

の多濼（前卷四第三十三葉第四片）

貞日ㄗ來迺往于𦎫（前卷四第三十五葉第一片）

日畢來其ㄗ凹（孫釋囧通盟）（前卷六第四十五葉第二片）

丁未卜戋貞令亭の㞢（郭讀為友）族尹市㞢又（佑）（前卷七第一葉第四片）

𠂤王族从𠭯古郭讀為王事靡盬之盬王事六前卷七第三十八葉第二片

己亥卜設貞日𠂤四王甲卷一第六葉第三片

廿十𠂤四王甲卷一第六葉第二片

𠂤四王即與王盟也

由上舉諸例觀之𠂤實為以之本字从人从厶省為𠄌許書謂𠄌即从反已非是賈侍中說已意已實也象形更是曲為之解許書既以𠄌為以又將从人从以省之之𠂤為似而遺失从人从厶之𠂤厶與㠯之區別甚微厶作𠄌㠯作𠄌極易混淆是古文有亡於小篆而間存於今隸之說可謂信而有徵總之𠄌為𠂤之省𠂤為𠂤之訛乃後起字古代實無似字凡孔子以前之經文其有作似字者皆以之訛誤也

詩經中用似字者有下揭諸例

似續妣祖築室百堵（小雅斯干）維其有之是以似之（小雅裳裳者華）豈弟君子俾爾彌爾性似先君酋矣（大雅卷阿）文武受命召公維翰無曰余小子召公是似（大雅江漢）似續妣祖者以續妣祖也是以似之者是以以（訓用）之也似先君酋矣者以（訓由）先君酋矣也召公是似者召公是以（訓因或由）也以上諸似字倘改作以則所舉各章皆可暢通若釋為嗣（毛箋多釋似為嗣）實迂曲難解至於周頌良耜之章有以似以續續古之人之句若將似字改作以則三以相連似乎不合情理然諦審之則知其原非似字而為嗣字蓋以嗣以續對偶為文下既為續則上當為嗣今之所以作似者乃淺人習於似

之訓嗣竟妄改嗣為似矣

今文尚書中無似字惟僞舜典中有一嗣字確為似字所改此則與前例正相反對後當再論

易經中亦無似字（易傳為秦漢之際之産物當作別論如彖傳明夷荀氏鄭氏雖作內難而能正其志箕子似之而其他諸氏均作箕子以之是漢人尚有知似之應作以者）

古代經籍中用似字最早者當推論語鄉黨中有云孔子於鄉黨恂恂如也似不能言者

余考釋此字既竟曾就正於沈先生（尹默）余尚未啟口先生即不假思索指㠯字而謂余曰是以字也因相與論究益信所考釋者之非妄

吕羅振玉氏釋宮不塙此字實从二厶口既可隸定為厶當然可反書作マ二マ相重而稍延長其在下之一點即

成予字說文云予推予也象相予之形非甲骨文編謂象以手推環之形更謬

缺卜貞在山豕□告曰从叀戊申利亡缺錄第六百○八片

缺未貞其邘御□于缺粹第五百○二片

丙子卜□缺利甲卷二第二葉第十三片

□于萬郭謂此人即契甲卷二第二葉第十三片

□于多子奠藏第二百十葉第三片

□缺箙缺以缺前卷五第九葉第五片

缺子卜缺貞燕不佳獲□缺田前卷六第四十四葉第八片

辛酉卜□缺後下第三十四葉第二片

缺王來乎□後下第四十一葉第三片

余遍索諸家著作得刻有此字者九片釋□為予無不暢

通如王來乎吕者王來呼予也吕于多子奠者予于多子奠也弗其以吕眾奠者其不使予參與奠祭乎之意也考尚書中帝王每自稱予小子或台小子其或書予又或書台者蓋台為予之别構台非从厶从口實从二厶上口改成今隸下口保存初形遂形成此作為予字義用之台字矣

復次尚書偽舜典中有一嗣字與㠯吕二字均有關聯且可證以似以續之確為以嗣以續今特抄錄其文於下申而論之

帝曰格汝舜詢事考言乃言底可績三載汝陟帝位舜讓于德弗嗣正月上日受終于文祖

弗嗣史記集解引徐廣曰今文尚書作不怡怡懌也史記五帝

[本紀作不懌]史記自叙曰唐堯遜位虞舜不台韋昭曰古文台為嗣裴松之引魏王上書云猶執謙讓于德不嗣嗣繼也蓋今文作台而古文作嗣如是嗣字則舜典之意蓋謂舜讓位於有德之人自以為其德不足為嗣也按上文所叙述者既為虞舜謙讓之事下文何以即繼之以正月上日受終於文祖之句乎如此叙述實難免突如其來之感若此字非嗣而為台則其意蓋謂舜讓位於有德者之後心中為之不樂如此解釋則舜似乎有悔意殊屬滑稽縱從善意方面加以解釋謂舜讓位於有德之人自以為不堪重任所以心意不悦懌也夫舜既讓位於有德且心意不悦矣下文何以又突然繼之以正月上日受終於文祖之叙述乎無論此字之為台為嗣文理上均有難通之處舜

典之為偽作疑古家早有定讞然賴有此一字足證作偽舜典者並非完全嚮壁虛構自必有其相當根據不然必不肯作如此不通之文章也弗嗣二字余意以為在作舜典者所根據之文獻上最初必作弗㠯（論語微子有不使大臣怨夫不以之句與此語法正同但含義稍異一用為用字義一用為與字義）其後始作弗似最後乃作弗嗣弗嗣者弗似之誤改弗似者弗以也弗以者不與也其意蓋謂舜讓位於有德之人而堯不與故正月上日舜乃受終於文祖今文之作台古文之作嗣其實皆從㠯字演化而來今試作一㠯字在舜典中之演化過程表如左

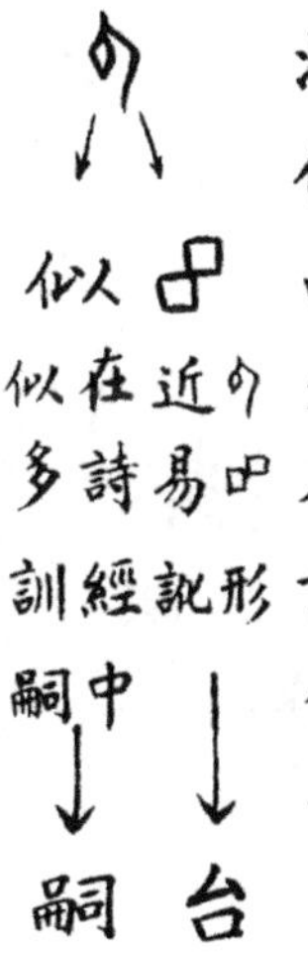

在舜典中既有改似為嗣者則無怪乎在詩經中又有改

嗣為似者矣

第三片

甲　貞缺

乙　丁亥缺

貞缺

亡缺

丙　巛丑卜行

貞王𢦏

亡𡆥

丁　貞亡

𢦏羅振玉氏曰說文解字戠闕从戈从音此从言古金文識幟諸字皆如此作趩尊錫趩戠衣文作𢧵格伯敦作𢧵

吳中丞以為識字一从音與許書同一从言與卜辭同古
从言从音殆通用不別今按本片之戠字當為祭名

第四片

　　翌日壬王其□

□字甚奇不可辨認

第五片

甲　　庚午卜即
　　貞王定妣
　　戊眔庚亡尤

即為祖庚祖甲時史官則其所卜祭之妣戊當為武丁之
配妣庚則當為小乙之配

乙　　庚午卜即

第六片

貞王㝎

叔亡尤

甲 缺

亡田

乙 辛未卜

行貞王出

亡田在

六月

丙 亡尤

丁 貞

第七片

甲　癸未卜王貞
亡囚在八月
甲申彡戔甲
戔甲即河亶甲
乙　缺　□甲
缺　甲
缺　田

□十又作□十又作□十羅王以來均釋為羊甲或羌甲說為陽甲至郭沫若氏始倡異議其言曰案陽甲卜辭作象甲若喙甲此□字乃苟字非羊字也苟乃狗之象形文亦即小篆□字又譌變為从艸句聲之苟其實一字也又云金文多用為敬字大盂鼎紹焚□雖德巠又克□乃正

大保毁克苟亡遣均是師虎毁苟夙夕無灋廢朕命亦用茍為敬蓋敬者警也自來用狗以警夜故假狗形之文以為敬就其物類而言謂之狗就其業務而言謂之敬敬字後起其文从茍从攴與牧同意蓋謂敺狗以警夜也又云僑兒鐘文所从芍字敬正與卜辭同芍甲乃沃甲上第一百十八片庚寅卜缺其舟又缺小南庚喙甲缺小辛已得其證更由聲類而言小雅常棣六章以豆飫具孺為員从夭聲之飫與侯部字為韻沃亦从夭聲故亦通假為侯部之芍字也卜辭通纂攷釋第一百四十片

今按郭說苟為狗之象形可信苟本象形字其下部之人雖與人同實非人字然因其形與人同遂孳乳為金文之苟苟苟等跽人形故商承祚氏據金文之字形謂敬不从

茍以非郭氏用茍為敬之說實未見其可又茍小篆作茍狗作狗从犬从句句从口丩聲是茍所从之句與狗所从之句今隸同而篆則不同商氏又據之以難郭說然古文之亡於小篆而存於今隸者屢見不鮮何必小篆是而今隸非乎況句之今音雖讀九遇切然古音實讀古候切金壇段氏說此豈非證明句乃茍之訛變乎

𦍌之應釋為茍尚有兩點可得而言者考卜辭中多有以𦍌為犧牲之記載如云

甲申缺雀父缺一𦍌一宰藏第三十五葉第四片

用六𦍌卯宰前卷三第二十二葉第五片

癸亥卜又侑土尞𦍌一小宰戩第一葉第一片

貞御自唐大甲大丁祖乙百𦍌百宰佚第八百七十三片

若釋𦍌為羌則所用之牲為羌人說文曰羌西戎羊種也从羊儿羊亦聲南方蠻閩从虫北方狄从犬東方貉从豸西方羌从羊按有殷一代所征伐之野蠻民族多矣如土方𢀛方等亦常受殷人侵畧其人民之為殷人擄掠者亦必不少殷人既以俘虜為犧牲何以獨用羌人而決不用其他民族如土人𢀛人等等耶由此可知上引諸片之𦍌實非羌字豈但非羌抑且非人乃是狗也唯以𦍌為民族之名稱用者亦有之如云

叀商步立于大乙𢦏苟方（粹第一百四十四片）

王叀北苟伐（前卷四第三十七葉第一片）

羌為西戎而此民族乃在殷之北方更可證𦍌之非羌也此民族蓋奉苟為其圖騰者為北狄之一種殷人遂稱之

為苟矣

又卜辭中有用苟為動詞者如云

甲午卜貞翌乙未㞢于祖乙苟十人卯宰一㞢一牛佚第一百五十四片

丙卜翌甲寅酒畢邻御于大甲苟百苟卯十牢粹第一百九十片

苟百苟與卯十牢為對文卯既為用牲之法則苟亦當為用牲之動詞也吳其昌先生謂羌之本義當為羊之一種縱假定其說可信然羌百羌亦苦不辭郭氏釋為苟百苟讀為䌛辜之辜周禮春官宗伯以䌛辜祭四方百物二鄭均訓辜為磔說文則訓磔為辜是則苟苟即磔狗矣殷契粹編考釋第一百零九片苟十人即磔十人矣若依郭說則上引諸辭文義皆通是郭說較諸家之説為長也

郭氏又根據詩經謂飫可與侯部字為韻故从夭聲之沃亦可通假為侯部之茍字其說不誤惟稍嫌論據薄弱今請再舉一證為之補苴考爾雅釋草中有草名鉤一名芺海甯王氏謂鉤為雅名芺為俗名鉤即芺芺即鉤王氏又謂有雅俗多同名而稍變其音者（爾雅草木蟲魚鳥獸釋例）則鉤之與芺又其一例也此亦足證茍沃之可以互相通假矣以鉤為雅名芺為俗名例之則茍甲或為雅號而沃甲則為俗稱

故就字形而論[illegible]十實為茍甲就字音而論茍甲亦有為沃甲之可能若就卜辭上先王之位次之排列而論則茍甲非為沃甲不可郭氏曾引卜辭通纂第一百十八片所排之序列為證惜此片殘泐過甚不足為憑吳其昌氏指

摘其不足為據是也因而否定芍十之為沃甲則非蓋其他足為憑據者尚不止一二片也如

丁丑卜大貞于五示告丁祖乙祖丁芍甲祖辛（佚第五百三十六片）

按五示之次乃追溯丁者武丁祖乙者小乙在祖丁與祖辛之間般王之號甲者僅一沃甲則芍甲之為沃甲是斷無可疑者又如

在正月甲申祭祖甲劦喙甲（前卷一第十九葉第五片）

在五月甲申祭祖甲冓喙甲（續卷三第十九葉第二片）

在正月甲申祭喙甲劦芍甲（前卷一第四十二葉第二片）

在十月甲申祭喙甲冓芍甲劦𢦏甲（續卷一第五十葉第五片）

在五月甲缺喙甲冓缺劦𢦏甲（續卷三第二十九葉第三片）

在六月甲申祭祖甲劦喙甲（續卷三第二十九葉第三片）

卜辭中有一通例為郭氏所發見者即於甲日卜祭某甲而合祭某甲時二甲必相次低者在前高者在後有第三甲時則更推而上之乃一定之次第也試觀上舉諸例之位次適為

戔甲　丂甲　喙甲　祖甲

而歷來文獻中之位次則為

河亶甲　沃甲　陽甲　祖甲

處於戔甲(即河亶甲)之下喙甲(即陽甲)之上者非沃甲而何是則丂甲之當為沃甲譌矣

史記殷本紀曰帝祖辛崩弟沃甲立是為帝沃甲帝沃甲崩立沃甲兄祖辛之子祖丁是為帝祖丁帝祖丁崩立弟沃甲之子南庚是為帝南庚又三代世表古今人表亦以

沃甲為祖辛弟祖丁為祖辛子南庚為沃甲子據此則沃甲為旁系然卜辭中有與此牴牾之史料在

己巳卜行貞翌庚午歲其延于芍甲奭妣庚（佚第八百七十八葉）

于妣庚芍甲奭（粹第二百五十五葉）

考殷世先王中除父子相承之直系而外其配無見於祀典者而芍甲與其配妣庚同祭郭沫若氏以此為例外其實並非例外此特芍甲不為旁系而為直系之一證耳此外尚有一事足為證者考殷先王世系中除直系而外有子嗣立為帝者據殷本紀則惟河亶甲與沃甲而已河亶甲之子名祖乙沃甲之子名南庚在殷代三十一帝中僅有此二例外已甚可異而海甯王氏又據卜辭中之世系否定祖乙為河亶甲之子矣其說云殷人祭祀中有特祭

其所自出之先王而非所自出之先王不與者前考所舉求（案當作桒）祖乙（小乙）祖丁（武丁）祖甲康祖丁武乙衣其一例也今檢卜辭中又有一斷片其文曰（上缺）大甲大庚（中缺）丁祖乙祖（中缺）一羊一南（下缺共三行左讀見後編卷上第五葉）此片雖殘闕然於大甲大庚之間不數沃丁中丁（中字直筆尚存）祖乙之間不數外壬河亶甲而一世之中僅舉一帝蓋亦與前所舉同例又其上下所闕得以意補之如左

由此觀之則此片當為盤庚小辛小乙時之物自大丁至祖丁皆其所自出之先王以本紀世數次之并以行款求之其文當如是也惟據殷本紀則祖乙乃河亶甲子而非中丁子今此片有中丁而無河亶甲則祖乙自當為中丁子史記蓋誤也且據此則大甲之後有大庚則大戊自當為大庚子其兄小甲雍己亦然知三代世表以小甲雍己大戊為大庚弟者非矣大戊之後有中丁中丁之後有祖乙則中丁外壬河亶甲自當為大戊子祖乙自當為中丁子知人表以中丁外壬河亶甲祖乙皆為大戊弟者非矣（觀堂集林殷卜辭中所見先公先王續考）王氏以祖乙為中丁子而非河亶甲子其說塙不可易今世學者靡然從之惟其弟子吳其昌氏獨倡異議吳氏所據以難王說者有四點（見殷虛書契解詁第六十）

九片第一謂前後王名嚌接者其親等未必為父子吳説誠是然此片中所舉者皆直系之先王而一世之中又僅舉一帝大甲既為大庚父祖乙既為祖辛父則中丁與祖乙之關係焉能例外第二則謂乙未酒祭三片聯合之片厤舉田匚乙匚丙匚丁大乙大丁至於祖乙祖乙上一位王號實為非甲非字殘文究在證不可磨試查王書即知吳謬拓片殘文但作人形據此何能斷定其必為非甲耶第三又謂上缺甲寅彡日非甲曰劓且乙𥁕前卷一第四十二葉第一片中之曰字即金文之雩經典之越與也誼為以及祭戔甲而以及祖乙則明示我人祖乙為戔甲之子矣此項理由亦不充足蓋在其他合祭先王之卜辭中王號與王號之間雖無曰字然皆暗含以及之誼不能因有明文曰字而遂定前後兩

王為有父子關係也最後又謂癸巳貞其(中缺)大甲祖乙父丁(後卷一第四葉第四片)中之父丁為祖丁祖乙即中宗祖乙而大甲則當為戔甲祖乙之上有戔甲而無仲丁則祖乙戔甲子非仲丁子今按此說最為乖謬此說與前論第一點完全鑿枘姑且不論即就大甲祖乙父丁之關係而言吳說亦滅裂支離此片中之大甲即大丁子大庚父之大甲何勞擅改為戔甲吳說之不能成立者此其一今縱假定吳說可從然吳氏又謂祖乙之上有戔甲而無仲丁則祖乙為戔甲子準此以論則祖丁之上有祖乙而無祖辛則祖丁必為祖乙子矣天下甯有是理乎吳氏所論實無一能成立者是師是而徒非也吳氏於其師說初亦信之甚堅師死而遂倍之可謂不善變矣

王氏以祖乙為中丁子其說既不可易則在殷代三十一帝中非直系之君而有子嗣立為帝者僅沃甲一人而已然則此為例外耶曰否沃甲之配既見於祀典而其子又嗣立為帝則沃甲實應為直系先王而為祖辛子南庚祖丁父殷本紀三代世表古今人表以沃甲為祖辛弟者蓋誤也

前曾引用一片亦可為余說證辭云

丁丑卜大貞于五示告丁祖乙祖丁芍沃甲祖辛佚第五百三十六片

卜辭中常見三示五示十示等稱謂凡被稱為示者皆屬直系參看董作賓先生著甲骨文斷代研究例自上甲至於武乙世次圖而沃甲適在五示之列沃甲既為直系而祖丁與祖辛之間據本紀三代世

表古今人表均稱僅有沃甲一帝則沃甲之為祖辛子祖丁父也奚疑今既確定沃甲為直系先王且為南庚祖丁父則王氏所補之斷片理當有所修正郭沫若氏曾採王氏之說而畧加修正如次

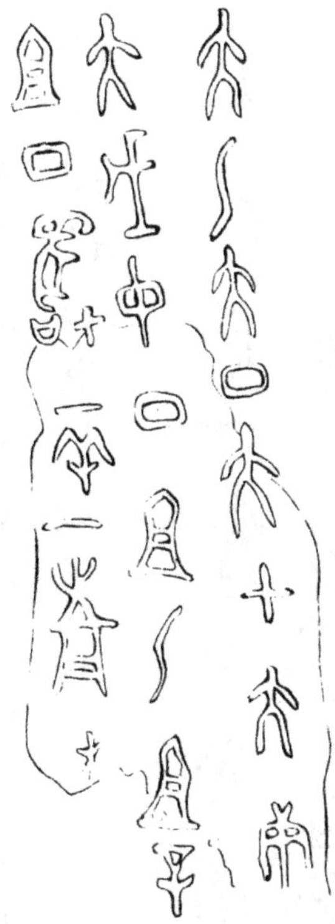

郭氏於大丁之前增補大乙而移大戊於第二行甚是然增補喙甲於第三行則非蓋此片為盤庚小辛小乙時之

物與祭者皆為直系先王而大乙湯為殷之第一世以大乙居首雖理之當然然補喙甲於祖丁之下則有未安因喙甲既為旁系且為盤庚小辛小乙兄實無與祭之理故余再修正郭說如次

南字下有殘文作屮形郭氏謂當為在某月或在某地名之在考契文在字決無作屮形者王補為庚字實較郭說為長余於南庚下再補祖丁二字蓋余以此片為盤庚小辛

小乙時合祭直系先王遂及其父輩南庚祖丁二帝之紀錄故也王氏曰自湯至於帝辛二十九帝中以帝繼兄者凡十四帝（原注此據殷本紀若據三代世表及漢書古今人表則得十五帝）其傳子者亦多傳弟之子而罕傳兄之子蓋周時以嫡庶長幼為貴賤之制商無有也（觀堂集林卜辭中所見先公先王考）今南庚為旁系而又無子嗣立據王氏之說則南庚殆為祖丁之兄故主祭者將南庚位於祖丁之上先兄而後弟蓋依其即位先後之次序也如此修正余確信其更能近於史實

第八片

甲　雨兩

乙　戊寅　缺

貞今日

[illegible]缺

卜缺

缺枚缺

缺出缺

第九片

甲 貞今日

亡尤

乙 雨

第十片

缺戌

缺幺

缺上牛

缺　且乙

缺　示

示當是宗之殘文

第十一片

甲　牛弗其以

乙　二告

此片重出見鐵雲藏龜第一百七十八葉第三片此片已碎今僅存其半

第十二片

甲　壬子卜

古貞妣

己兄㞢

乙　𢦏

𠮛𢦏均為武丁時代之貞人武丁以前有三妣己一為中丁之配一為祖乙之配一為祖丁之配

第十三片

甲　癸酉缺

貞旬缺

𡆥丁缺

雨

乙　𢦏貞旬

丙　癸卯卜

𢦏貞旬

亡𡆥

第十四片

甲

己巳缺

出貞缺

翌庚缺

彡缺

缺卜出

[illegible]

第十五片

甲

丁丑缺

貞缺

父丁缺

叔缺

乙　乙缺
貞缺
丙　缺𡧊
缺歲宰
缺尤
二月

第十六片

不

不三字乃卜辭習用語瑞安孫氏釋不紹龜郭沫若氏釋不鏝黽葉玉森氏釋不吐蛛董作賓氏釋不冎龜衆說參差不知孰是

第十七片

甲　庚戌缺
　　貞缺
　　王缺
乙　貞弜
　　叙

第十八片

甲　癸酉卜缺
　　貞旬缺
　　𡆥在缺
乙　癸卯卜大
　　貞旬亡𡆥
　　在二月

第十九片

甲　貞缺

[illegible]缺

乙　丙寅卜即

貞又侑一牛其

㞢缺于丁

第二十片

甲　戊戌缺

貞王缺

[illegible]亡缺

[illegible]郭釋龠乃笙之象形字象形者象編管之形也說文云

从品侖侖理也非字在此辭乃祭名當是禴祭之禴

乙

缺 旅貞

缺 定侖尤

亡尤十月

郭氏云禴字古說頗參差爾雅公羊以為夏祭王制與祭統以為春祭易萃卦釋文及注又以為殷之春祭萃卦及升卦干注則謂非時祭曰禴今觀卜辭有於十一月舉行者則知干注是而春夏祭之說皆非矣（甲骨文字研究釋龢言）本片之禴祭亦係舉行於十月者可為干說郭說之證

侖下衍一尤字

第二十一片

甲

貞王

勿狩

乙

貞王

勿伐

字稍残泐本作當是國名葉玉森氏釋蒙且謂蒙方故都或即丁氏山所謂之大蒙城歟殷虛書契前編集釋卷四第四十四葉第六片

第二十二片

甲

再雨

克衣五月

乙

王

貞翌

第二十三片

甲

丙戌卜缺

貞㞢曰辛

冊于帚

用若

五月

乙

丁亥卜

貞盂

于[illegible]

缺从

第二十四片

甲

癸卯卜

大貞旬

亡𡆥

乙

癸亥

卜大

貞旬

亡𡆥

第二十五片

甲

戊辰卜卽

眔㞢缺

缺[illegible]

卽字稍泐疑是既字

乙

戊辰卜缺

缺上甲眔㞢

第二十六片

缺羊廾缺

甲　寍

般缺

乙　己亥缺

貞缺

若

此片重出見鐵雲藏龜第一百四十六葉第一片

第二十七片

甲　辛卯缺

帚匕

旨　十一月

乙 貝
其

第二十八片

甲 癸卯
卜殻
貞旬
亡囚
乙 缺卜
缺亡

第二十九片

癸未卜

兄貞 缺

亡𡆥

日㒸

囚三

此片重出見鐵雲藏龜第四十葉第四片

㒸孫釋㒸說文八部㒸从意也从八豕聲此當為隊假借字契文舉例王襄先生釋八虎今按㒸非虎字亦非豕字孫王兩釋均失之

第三十片

甲 癸 缺

尹貞 缺

亡𡆥

干口缺

乙缺卜尹

缺亡𡆥

第三十一片

又大雨

第三十二片

辛未卜

以與父

京旬

此片重出見鐵雲藏龜第十四葉第四片

第三十三片

甲不其缺

乙

貞□缺

其㞢有𡆥

十一月

此片重出見鐵雲藏龜第一百零五葉第一片

第三十四片

大丁妣戊王其用

吉

第三十五片

兹用

大吉

第三十六片

甲缺寅卜

缺曰

乙

缺卜王

缺田祉

缺侯

第三十七片

甲

丙寅缺

翌缺

于缺

乙

己巳卜行

缺王缺

缺又

第三十八片

甲　貞翌甲寅
　王令
　狩
乙　缺貞

第三十九片

甲　丙寅卜
　丁卯㫿
乙　不㫿
丙　缺子卜甲子卜
丁　缺亥卜癸亥卜

第四十片

丙寅卜穷翌

丁巳𣅀

第四十一片

甲　癸缺

乙　癸亥缺

第四十二片

貞缺

好不缺

眔弜

第四十三片

甲　丁亥不雨

乙　其雨

吉

第四十四片

甲　弜

又歲

乙　辛亥卜

又賣

于□

□羅釋兕董作賓氏云卜辭祭兕用賣同於夋土王亥諸先祖疑即是契（甲骨文斷代研究例）今按契兕音同自可通假兕實當為契乃殷人第二世祖也

丙　辛亥卜

又賣

于□

□孫釋岳孫云殸說文山部嶽古文作□象高形此上从□□□即象高形下从凵即象形山字殷都朝歌中岳嵩高正在畿內(契文舉例)今按孫說可信凵塙為山字(詳說在第六十一片)決非火字羅振玉氏釋□為羔大謬

丁　辛亥卜

又　貞

于　□

□葉釋沘郭釋河均不塙或釋妣乙更謬今按此字所从之亻正與□(後下第九葉第一片)□(後下第三葉第十二片)所从之亻相同□□均為設字(詳說在第六十一片)則此當為没字没古水名山海經曰太水出於其(太山)陽而東南流注於没承水出於其陰而東北流注於没没水水經注作役水水經注云役山役水

所出北流注於河又云役水自陽丘亭東流逕山民城北為高榆淵又云役水東逕曹公壘南東與沫水合又引郭長公世語云役水又東北逕中牟澤此水既逕中牟澤則其流域當在今河南北部與中岳同在畿内故殷人常同時賁岳與没也

戊　辛亥卜

又　侑

于兕

與没岳同列於祀典者除此片所刻之兕而外尚有夒土王亥上甲等蓋殷人以先公配祭山川為最隆重之祀典而得與山川配者必殷人心目中之偉大的祖宗故董作賓氏以兕為契最為得之

己　辛亥卜
其卣
卣字僅見不可辨認當為與祭祀有關之動詞
庚　甲子卜
又侑于
兕

第四十五片

甲　丁丑貞
其竝卲御
自雚
雚地名地望未知
乙　丁丑

貞其
夕卸

丙 乙卯

丁 眔多
妣

第四十六片

甲 癸酉卜㱿貞缺

乙 癸丑卜㱿貞缺

丙 癸亥缺

第四十七片

缺丑卜㱿

缺卯不

雨

第四十八片

缺出貞

缺田

第四十九片

缺不缺

黍

第五十片

甲　貞不

其缺

乙　缺其缺

十月

此片重出見鐵雲藏龜第十二葉第二片

第五十一片

缺己羊缺

缺亦缺

第五十二片

缺出缺

缺旬亡缺

第五十三片

甲

魚

貞

菁

不

衣

此片與第五十片在鐵雲藏龜中本為一片今已裂而為二矣

第五十四片

己丑

貞缺

亡缺

第五十五片

缺丙缺

缺魯于月

第五十六片

癸酉缺

㠯貞缺
其正缺
缺日月缺
正假為征

第五十七片

甲
癸亥卜貫
貞翌史
亞又侑
叀用

史亞人名
叀瑞安孫氏曰說文叀部叀小謹也从幺省从屮屮財見也田象謹形屮亦聲金文尹叔敦中惠父敦竝作叀讀為

惠此或當為䲭叀聲專聲字之省又疑為甫之變依字例
叀聲所孳生為專聲之屬甫聲所孳生為專聲之屬文義
咸迥異而金文兩聲類形竝畧同以叀馬叀豕諸文推之
似當為搏執之義（契文舉例）王襄先生云按卜辭叀字有牽綰
之誼殆即周禮肆師展犧牲繫于牢之禮漢書陳遵傳引
楊雄酒箴一旦叀礙師古曰叀懸也或即爾雅釋祭山川
曰庪懸之禮歟存之以備一說（徵文考釋）余永梁先生云案此
疑叀字同剸與巻字形顯別誼亦有分（與徐仲舒書）葉玉森氏
云證之叀羊丝用（原注卜辭不一見）物叀用（甲卷二第三十葉第十一片）等辭
似卜辭之叀某牲竝涵繫而備用之誼惟叀字除訓繫外
似又別涵數義或為祭名如叀今冬癸叀丩叀今月告叀
今日彭叀今乙彭叀鬼叀王祝叀吉燕叀雨叀翼叀上甲

叀母己叀漁叀農由珍叀庚叀辛叀餜叀夙叀𣏟叀龍叀豕諸辭則叀字竝為祭名或用如專叀𩁹往追羊按羊當作芍前卷五第二十七葉第一片即專命𩁹往追羊方人也叀人令省在南啚即專命人省視南鄙也或依孫說釋摶則叀苦叀下即摶苦方下也貞叀王往伐苦方貞叀即貞摶讀斷則其他之單辭亦為貞摶叀西方征叀土方征即摶征西方土方也殷虛書契前編集釋卷一第五葉第五片今按叀字涵義極為複雜欲求一義以貫之實不可能而諸家所釋均能得其一面故並存諸說以解卜辭似較順適惟諸家所釋均遺說文叀小謹也之誼余以為說文之誼亦不可廢不但不可廢且為貫通於諸釋者叀字之每一訓釋均暗含此誼如訓叀為摶即有謹摶之誼如訓叀為專命即有謹專

命之意試觀使用叀字之卜辭無不與祭祀或征伐或王命等有關此皆為古人不得不謹慎將事者可以知之矣

乙　弜

第五十八片

甲　癸　缺

乙　甲　缺

貞　缺

亡　缺

在　缺

丙　壬午卜行

貞今夕

亡田

在缺

丁　辛巳卜行
貞今夕
亡田
在缺

戊　庚辰卜行
貞今夕
亡田

第五十九片

癸卯
貞旬
無田

第六十片

甲 癸巳卜行
貞旬亡
𡆥在三月
缺卜行

乙 缺旬亡
缺在三月

第六十一片

甲 癸卯缺
王固曰缺

乙 癸亥缺

丙 癸缺

丁　癸酉缺

殻貞缺

戊　癸缺

殻貞旬

亡囚

己　庚申屮

□缺啓

三月

□瑞安孫氏釋報又疑是設字今按釋報非此實是設字考小篆□信字古文作□□字所从之言作□與□字所从正同又契文□戠按古音言通字所从之言作亦與此同□乃殳字从言从殳是設字也說文云設施陳也按說文所云

當為後起之誼蓋契文設字本誼多應訓為建或造後始引申為陳設之誼今遍索契有□字之卜辭錄之於左以證余說

貞□設司祠室 佚第八百四十三片

設祠室者建造祠室也

不隹㞢□ 藏第二十七葉第一片

設字下省一名詞如祠室橋𠭁厸等蓋貞人於貞卜之前心目中已有將建之物無須明文故從略也

壬辰卜貞□司室 前卷四第二十七葉第八片

辛未卜其□ 前卷五第三十八葉第四片

㞢□□于西 缺 吉其 缺 前卷七第七葉第一片

□乃象形字葉玉森氏釋橋至塙惟學者多不識□字故

未能信其說今既知□為設則葉氏所釋墉不可易矣

固曰其㞢□其隹庚吉其隹 鈇前卷七第三十二葉第三片

戊 鈇 又王固隹丁吉其 鈇 未允 鈇 允㞢□胐㞢 鈇 旬㫰亦

㞢□㞢出□ 橋 自於没在十二月 前卷七第四十三葉第二片

胐字甚奇在巳發表之卜辭中僅兩見另一片在殷契佚

存辭曰王固 鈇 胐雨 鈇 佚第一百八十八片今按此字从肉从田可

隸定為胐乃字書所無然以雷可作靁累可作纍例之則

胐當然可作䐢音礧廣韻云䐢膇腫貌殆突起物之形容

詞與厽聲同誼近在此則假為厽

□吉 甲卷一第五葉第十一片

壬午卜大貞□六 鈇 甲卷一第二十六葉第六片

壬辰卜貞□司室 甲卷二第一葉第一片

契文中又有一□字雖與□字異形然實同為一字考契文言作□或□而□字从□□實為言省而非十干之辛字□乃□之急就形故知□亦設字也

三帚歸宅□設寢（前卷一第三十葉第五片）

戌卜鈇□設□鈇（前卷六第五十七葉第一片）

貞宰□□（甲卷一第二十六葉第四片）

自□□（甲卷二第七葉第七片）

□字不識當是祭祀時所用之物

癸丑貞翌尊□壴示（前卷五第四葉第四片）

壴為鼓之初文

庚戌卜𢦏貞王三正没□□允正（後下第十六葉第二片）

丁卯卜𢦏貞王三正没□□允正（粹第五百二十四片）

正沒殆治沒水之意設下一字不識當是建築物之名形似碉堡或望樓

受 缺 □𤕌至貞 缺 自□ 缺 六文 佚第一百二十片

□一變而為□再變而為□字形愈簡略矣

□ 設 㝯十一月 後下第三葉第十二片

七日己巳月□□□大品□□ 缺 □其來媗 後下第九葉第一片

孫氏甲骨文編將此□□二字收入妣辛合文項下非□字从□ 乃言省 从亻 亻又刂之急就形仍是𠬝字 从言从𠬝亦設字也試將上引帚宅□㝯與□㝯□□與□大品四辭相互對照即可證余說之非誣□□□之為設字既無可疑則其所从之□刂亻三體均為𠬝字 鉤沈乙葉氏以刂為力之古文非是 而亻正辛亥又 侑 [illegible]于□ 前出第四十四片 一片中所契□字之所从□字

从水从殳決為没字無疑山海經中有没水即此水也

七日己巳之片文字完整辭誼又可暢通關係契文之研究者至鉅故不避繁冗詳加攷釋如左

豆郭沫若氏釋蝕郭氏云字每與月字連文本例言之月豆（之月蝕三字乃通第四百二十九片中辭句）亦屬於夜中之事又每介於二日間前日之夜有此事次日必有凶事以應之知必含凶咎意所言者決為月蝕事無疑又由字形而言乃象豆中盛食有缺之形亦蝕意也葉玉森氏釋亜（裡）商承祚氏韙其說且謂卜辭中另有日月食之文其字作食在佚存第三百七十四版辭曰癸酉貞日月有皀（食）隹若今按郭釋不誤蓋豆為本字皀為借字固不能因有假借字而遂否認其本字也又本片所記錄者乃敵寇來侵之事若依葉

釋為亜則禋月而敵來甯非怪事

品非品字口即㔾予字之所从亦即厶字今此字从三厶是厽字也說文曰絫坂土為牆壁象形據此則設厽即築墻之意

𠀤乃竝字沈先生尹默云此竝字應訓依或連如竝南山史記大宛傳之竝

山羅振玉氏釋火海甯王氏以下學者竝從之例如本片郭葉兩家均釋大品竝火然此墕為山字象形決非火字今試將孫氏甲骨文編火字項下所收之山字悉錄於後以證羅說之不墕

乙亥山缺日𫝀前卷四第十九葉第七片

勿缺犭缺山缺亡缺白缺𣲧缺㞢缺廿缺于缺前卷四第四十四葉

第三片

辛 缺 貞 缺 [?] 缺 从 缺 前卷五第十四葉第六片

定貞 缺 川才 缺 [?] 前卷五第十四葉第七片

亥卜 缺 王[?]奉 缺 [?] 前卷五第十四葉第八片

葉玉森氏云右三辭竝殘闕是否火字無從證明第三辭之[?]墧為山形或山字今按葉疑羅說是也惜其所據卜辭皆殘闕過甚亦無從證明其墧為山字其說遂為學者所忽視

[?]帚 歸 [?][?]因 前卷六第四十九葉第三片

丙申卜王令山戈子 前卷六第四十九葉第三片

七日己巳月蝕㞢設大㕕竝[?]帚其有來媗 後下第九葉第一片

按此[?]字決為山字無疑

貞□山 後下第三十七葉第四片

貞□□山□于八山二□ 後下第三十五葉第九片

山 甲卷二第十一葉第十三片

山 甲卷二第二十一葉第三片

丙□嶽矢山 戩第二十一葉第六片

其□山 戩第三十九葉第八片

□王隸定為□字雖不可識然其字从□必有以□降神之意而下一字必為其所降之神考古代既無拜火之紀錄而今世又無拜火之俗習殷人雖常以火祭神然火為其祭神之工具而非祭祀之目標故知山非火字而為山字

卜又侑于五山在 缺 粹第七十三片

郭氏云此例僅見不知是否即五岳今按郭僅以此例為山字殊不知其他□字均山字也就上舉諸例而論除殘闕過甚辭誼難通字蹟漫漶無從考釋者而外其餘悉為□應釋山之證□既塙為山字則从□从□之□字決不得釋為羔應從孫釋岳又如幽字契文作□（後下第九葉第五片）小篆作□說文訓从山中丝不誤而以此字為从丝从火者實非

□郭釋祟郭氏云□字羅王等誤釋為求孫詒讓釋□得之而未能通其讀余謂乃假為祟尚書竄三苗說文𡨄字下引作𡨄三苗左傳昭元年周公殺管叔而蔡蔡叔釋文上蔡字說文作𥛚今說文雖無𥛚字而殺之古文或作□與□之古文作□者其實一字而近出魏石經春秋蔡

人字古文作[glyph]蓋蔡殺竅古音相近故互相通假而同以希作之竅从祟聲是知卜辭之㞢希字又假為祟矣今按郭說至精不可易也

鼓孫疑嬉羅釋侸豎郭謂象於壴即鼓字旁有人跽而成守之乃象形之文非形聲之字蓋古鼜字也說文鼜夜戒守鼓也从壴蚤聲禮昏鼓四通為大鼓夜半三通為戒晨旦五通為發明讀若戚又謂地官春官均作鼜且引注云杜子春讀鼜為憂戚之戚謂戒守鼓也擊鼓聲疾數故曰戚

通第四百二十六片

[glyph]𢆉品凵[glyph]鼓諸字音義既得則七日己巳之片辭義自通而凵之應釋為山𢆉之應釋為設皆獲強力之證明矣考契文中又有[glyph]設字按今隸竅與親同宷與求同以此

例之則㱿當與設同稽諸卜辭釋㱿為設皆暢通不悖
牢王㱿受佑（鐵拾第十四葉第十九片）
㱿宗王受佑（佚第二百一十七片）
在祖丁□㱿宗王（鐵佚第一百三十三片）
㱿宗者建廟也
㱿大乙又□王受佑庚午（粹第一百四十五片）
㱿大乙□（粹第一百四十六片）
其㱿大乙（粹第一百六十一片）
㱿大乙者設大乙宗之省文也
又□之異文□□二體以形近之故有時竟與新字混而
為一然契文中本有新字作□（□王氏隸定為敉失之木中有一點乃所以示分木為二之意非朱）
弜□□舟（戩第四葉第七片）

字也丱字不識以字形推之當有駕舟或盪舟之意

說文云新取木也从斤亲聲金壇段氏注云取木者新之本誼引申之為凡始基之偁从斤木辛聲非从亲聲也今按段氏从斤木之說雖較許說為長然契文杸字實从殳从木說文云殳以杖殊人也周禮殳以積竹八觚長杖二尺建於兵車旅賁以先驅段注云殊斷也以杖殊人者謂以杖隔遠之釋名殳殊也有所撞挃於車上使殊離也依段說則杸字正象以殳斷木使其殊離之形以示取木之意故从殳从木之杸字實為新之初字今字書誤以杸為殳之古字而許氏亦於杸字下注云軍中士所持殳也夫殳本為兵器又何必為軍中士所持殳而另創一名乎段氏更曲為之說曰軍中士所持殳不必皆用積竹故字从

木其說牽强殊甚蓋殳之所以用積竹取其强韌不易折也殳而不用積竹則殳已非殳矣說文不但誤杸為殳且誤殺為殳惟殺殳之清誤不自許氏始詩經曹風候人之作者已混殳殺為一矣詩云彼候人兮荷戈與祋說文云祋殳也从殳示聲段注丁外切字讀為丁外切而不讀為市朱切足證殳祋源流各別許氏又引或說云城都市里高縣羊皮有不當入而欲入者暫下以驚牛馬曰祋段謂此乃祋之別一義與咄義同今按許書或說尚能彷彿祋之初義蓋祋字从示顯為祭祀時之用語當與吺字同義說文云讙吺多言也从口投省聲篇海類編云⿰口投奴侯切呪語也殷虛書契前編卷二第四葉第三片之杸疑即此字總之契文新字實从殳从木作杸而小篆之所以从殳从木作杸者字形訛誤有以致之杸之異體頗多如

甲辰卜杸其 藏第一百葉第一片

庚申卜王在杸卜 錄第七百二十一片

庚申卜王在杸 錄第七百二十三片

缺賓缺亡尤缺在□錄第七百二十三片

缺沚夕㞢在□八月錄第七百二十四片

貞每往在正月在𠂤□錄第七百三十五片

从□錄第八百二十八片

除第一辭例而外其餘之新字俱為地名左傳文公十四年同盟於新城杜注宋地在梁國穀熟縣西即今河南商丘縣西南又由𠂤師新之稱謂觀之殆殷王行宮之所在地也

在上舉諸異文中□字所从之□與□形近遂使从木从叏之字訛而从斤加之以□□二字極易混淆而混淆之結果遂產生此从斤木辛聲□字所从之□本言省而非辛字之形聲字

今將誤□為□之辭例悉錄於左

叀舊豊(醴)用 丙辰卜叀□豊用(粹第二百三十二片)

其弄□□(粹第九百一十片)

□□在祖乙(粹第九百一十一片)

辛酉(缺)于翌日癸禱□□王(缺)(粹第九百一十二片)

□□(缺)禱王(缺)(粹第九百一十三片)

祖乙以□□(真第六片)

大貞見□黍翌(卜第一百二十六片)

未㞢設□□(◇即𠂤字之所从亦即厶字三厶相重仍是厽字與品字同)(前卷七第十四葉第一片)

在上舉第一辭例中舊豊新豊相對為文足證□設字塙與□(新)字混而為一矣

第六十二片

甲　丁亥出

貞王叀

乙　貞王

勿往

乂

丙　缺　卜𡇒貞

缺　出

第六十三片

甲　缺　貞　缺

缺　尤

乙　貞亡

尤

丙　己卯卜行
貞王定
戠亡𡆥

第六十四片

甲　庚申卜王貞
往來亡𡆥

乙　其𠦒缺
[illegible]缺
丙缺
𠦒缺

此片重出見鐵雲藏龜第二百六十一葉第三片

𠦒羅振玉氏云說文解字畢田网也以華象畢形微也或

曰由聲卜辭諸字正象网形下有柄或增又持之即許書所謂象畢形之華也但篆文改交錯之網為平直相當初形已失後人又加田于是象形遂成會意漢書畫象刻石凡捕兔之畢尚與𠦒字形同是田網之制漢時尚然也殷中第四十八葉

第六十五片

甲　貞　缺

其雨

乙　貞佳吉

雨　五月

第六十六片

甲　于　缺

亡缺

乙　弘吉

不雨

丙　吉

其雨

第六十七片

不  

第六十八片

戊午

來翌

酉卯

亦

第六十九片

缺宊貞缺

缺尤小乙缺

亡缺

在缺

第七十片

甲　乙未卜尹

貞王宊

己登

瑞安孫氏云丁酉卜㱿貞勿登人三千藏第二百八葉第一

即登𤼷之省說文癶部登从癶豆象登車形籀文作𤼷从収此即登字省又豆部豋禮器収持肉在豆上讀若鐙同下半亦从豆从収𤼷字金文散氏盤鄧公子敦陳侯敦尗簋莽侯敦並有之此豆即豆說文豆古文作𣅀此其省變也契文舉例今按孫說是也豋又登之省登人四千之登乃登進義而在此辭則為蒸祀義

乙

缺 尹

缺 定

缺 亡尤

第七十一片

缺 旅 缺

王定丙

叙亡尤

第七十二片

翌乙巳

第七十三片

甲　丁巳卜缺

貞令缺

亡囚

乙　戊午卜行

貞令夕

亡囚

丙　缺卜缺

缺 夕

第七十四片

缺 子卜

缺 貞王

缺 往雚

缺 㞢三月

第七十五片

貞翌

庚辰

王勿

第七十六片

甲 貞今日

慶□

其至

乙 甲

慶

第七十七片

甲 乙卯 缺

貞王宧

□禱

亡囚

□當為人名殆殷人之遠祖也

乙 缺卜即貞亡

缺出九在

缺
田　五月

第七十八片

甲　貞　缺

乙　貞　缺

亡□

丙　□　二月

□孫釋疥孫氏云說文疒部疥介聲又八部介畫也从人从八此从仌即介字或作刂者其變體契文舉例郭釋□郭氏云當是□之初文近出魏石經殘石尚書無逸篇逸字作□隸定之當為□字乃洟字之異从□□□聲卜辭作□蓋从□尸聲尸古用為夷與洟同紐洟者失也通第二十三片郭說可信在此片中□與無□為對貞語法與尤亡尤田亡

田同脈即有所失似含凶意亡脈即無所失似含吉意

第七十九片

缺 卜 缺

缺 自 今 缺

缺 于 丁 缺

第八十片

甲 貞 弗 其

正

乙 不 

第八十一片

缺 戊 缺

缺 卜 㱿

鐵雲藏龜零拾 考釋 四十九 孔德圖書館

貞

啓

若

此片重出見鐵雲藏龜第二百六十三葉第三片

第八十二片

甲

壬申缺

𠂤貞甲缺

其正今日

乙

缺卜

缺卜

缺今

第八十三片

癸酉　鈇
出貞旬
亡田
今日
〓
〓

第八十四片

〓字不識

〓孫王羅三家均釋率羅氏云說文解字率捕鳥畢也象絲网上下其竿柄也段君曰象絲网謂〓按盂鼎率作〓師寰𣪘達从〓均與卜辭同但象絲网形卜辭或作〓象絲网之緒餘（殷中第四十葉）今按此為率之本誼字在卜辭有用

幸爲祭名者又爲人名又此片疑贗

第八十五片

甲　甲子卜

丙王

乙　戊

亥

丙　卜

第八十六片

甲　癸卯缺

貞王賓

父丁歲叙

亡尤

乙　旅

第八十七片

缺　戊　缺

缺　貞　缺

缺　逐豕　缺

缺　畢

第八十八片

貞今缺

缺　其　缺

葉玉森氏釋春

第八十九片

甲　丁未其桒

乙　家[illegible]已若

丙　于㞢宗若

第九十片

甲　出

乙

第九十一片

缺　卯王　缺

缺　之于　缺

缺　鼓　十月

第九十二片

第九十三片

缺
亥卜㱿貞

缺
叀㞢又幸

若

追記二則

唐蘭先生於其所著古文字學導論中亦釋□為新然□本為□（設）之別構其作新字義用者蓋涉□（□之就形）急□形近而誤若一律釋為新則帚（歸）宅□叓（寢）□宗等辭均不可通矣唐氏又因釋□為新遂將契文中从□之字一律釋為从斤□是否斤字似尚有待商榷

近日於殷契粹篇中又覓得一片辭云癸巳卜復□舟一（粹第一〇六〇片）外有殘文□□二字郭釋□為枚失之今按□□均當釋新與□□舟（戩第四葉第七片）之□同唯木中少一點耳此足證王氏隸定□為枚之非至於复□舟之复字則當讀如復我邦族（詩經黃鳥）之復

考釋勘誤

五葉十行「貞日」改為「貞曰」
五葉十一行「日畢」應改為「曰畢」
六葉七行「从以省之之」衍一之字
三十八葉六行「其來嬉」其下奪一㞢字
四十葉六行之「冐」七行之「冐」並應改為「[illegible]」
四十四葉十二行「以華」應改為「从華」
五十三葉十行「為朮」應改為「為敉」

中華民國二八年五月初版
孔德圖書館叢書第二種
鐵雲藏龜零拾 一册
定價國幣五元
著作者 李旦丘
編輯者 孔德圖書館
出版者 中法文化出版委員會
上海虞洽卿路
印刷者 中國書店
上海虞洽卿路
代售者 中國書店

殷契摭佚

孔德圖書館叢書

第三種

鴻寶

序

己卯春書賈攜羅振玉氏所藏甲骨拓墨千餘片來館求售類皆殘闕精品絶少本館懼古代遺物之將歸於散逸也乃購而藏之入秋以後余始選其文句之較完整者與乎文字之較值注意者凡二百一十八片編爲是篇非敢自謂有以貢獻於契林不過保存古代文化之微意云爾至於文字之考釋則不無弋獲而[illegible]之釋爲敀竟與陳夢家氏所釋者完全暝合理應從本篇中抽去以避攘善之嫌惟余於考釋此字之時既不知有陳氏之研究之在我先則余所釋者並非出於剿襲今姑存之以供治契學者之參考焉己卯冬江津李旦丘序於上海孔德圖書館

凡例

一　本編體例全仿拙著鐵雲藏龜零拾

一　本編拓片曾略加分類　一　祭祀　二　貞夕貞旬　三
用牲　四　田獵　五　征伐　六　雜卜

一　諸家著錄目

前　殷虛書契前篇　羅振玉編
後　殷虛書契後篇　羅振玉編
續　殷虛書契續篇　羅振玉編
菁　殷虛書契菁華　羅振玉編
戩　戩壽堂所藏殷虛文字　王國維編
藏　鐵雲藏龜　劉　鶚編
拾　鐵雲藏龜拾遺　葉玉森編
通　卜辭通纂　郭沫若編
粹　殷契粹篇　郭沫若編
佚　殷契佚存　商承祚編
甲　龜甲獸骨文字　林泰輔編

卜　殷契卜辭　容　庚編
錄　甲骨文錄　孫海波編
珠　殷契遺珠　金具同編
天　天壤閣甲骨文存　唐　蘭編
安　安陽發掘報告

殷契摭佚

江津　李旦丘編

第一片

甲　己未卜行

貞王定

歲亡田

乙　殘文貞

第二片

甲　貞我其

受㞢有右祐

第三片

甲　貞闕

酌闕

亍闕

若闕

亍又作丅或示亍諸家均釋示至塙惟示字尚有別構作工或古諸

家則誤釋爲工如

闕亥王卜貞旬亡咊闕一月甲子酌妹工册闕□闕餗王正征尸夷闕前第二卷第四十葉第七片

癸巳卜永貞王旬亡咊在六月甲午工册其闕前第三卷第二十八葉第五片

癸卯卜貞王旬亡咊在六月乙巳工册其藋前第四卷第四十三葉第四片

闕酉卜貞王旬闕咊工册其闕後上第二十一葉第三片

上引諸工字均係甲骨文編收於工字項下者又如

多⿱工口拾第十四葉第七片

叀⿱工口闕尤拾第十四葉第八片

龏□㞢父⿱工口前第四卷第二十八葉第七片

乙酉卜王貞余孝朕艱⿱工口征北　貞允獲余受馬方又祐前第四卷第四十六葉第一片

貞令□⿱工口前第五卷第二十四葉第五片

貞令闕啇㞢闕⿱工口医于闕允闕前第六卷第二十九葉第七片

⿱工口册　其酌後上第一葉第九片

己巳卜嗀貞　犬征　其⿱工口後下第三十七葉第三片

貞旬亡囚在四月甲戌𢀛册其彭（後下第二十葉第七片）

上引諸𢀛字係甲骨文編收於待問坿錄中者今按工𢀛之爲一字由上引諸辭例觀之殆無疑議葉玉森氏釋此二字爲工（殷虛書契前編集釋第二卷第四十葉第七片）郭沫若氏亦釋此二字爲工葉氏釋工册𢀛册爲工册而不得其解郭氏則爲之説曰工字與金文之作工者（矢令彝文）相同工𤔲殆猶楚茨工祝致告之意作𢀛者當是工之異猶□之作□□之作□也（通第三百零二片）郭釋工册爲工祝致告之意殆難免增字之嫌蓋工（葉謂工卽書堯典之工傳曰工官也）册二字若依郭葉兩家之説均爲名詞並無動詞介在於其間實不得增致告等文字以釋之也

考契文示字雖多作丅或丁然亦有作工或𢀛者如戩壽堂藏龜第一葉第九片自上甲廿示之示卽作工鐵雲藏龜拾遺第十四葉第十一片貞□□之□卽宗字所从之示亦作工又殷契遺珠第六百二十八片之三匚（卽報乙報丙報丁）二𢀛（卽示壬示癸）之𢀛亦與𢀛同惟變一豎筆爲二耳此皆足證工𢀛之仍爲示字也

古示寘通詩鹿鳴人之好我示我周行箋謂示當作寘周禮朝士示於叢棘釋文示本作寘是其證也據此則卜辭之示册卽寘册蓋示

册與再册（卜辭中屢見再册二字）爲對文再册乃取而出之示册乃收而藏之書金縢公歸乃納册於金縢之匱中蔡注云金縢之匱乃周家藏卜筮書之物每卜則以告神之辭書於册既卜則納册於匱而藏之殷人所謂示册殆猶是耳

工古二字實同爲示字故多古决非多工（拾第十四葉第七片）乃謂多數之示（此示卽三示五示十示之示與多后語例正同）也彝仌㞢父古（前第四卷第二十八葉第七片）殆爲侑於父之示（卽神主古文示本象神主之形）丑卜𣪊貞在北古（葉釋工謂工假爲攻非）收人此（粹第一千二百一十六片）此示當作視字解莊子應帝王嘗試與來以予示之釋文示本作視可證示視之相通在北視收人者卽在北疆檢閱入伍士兵之意也丁巳邑示五攵古帰（天第四葉第二片）卽巡視帰（地名）土古征北（前第四卷第十六葉第一片）卽巡視迤北之疆土令𢓊古（前第五卷第二十四葉第五片）卽令𢓊巡視亡其古（粹第一千二百一十六片）卽不巡視也又有用示爲祭名者戊其㞢古（佚七片）叀（惟）古（闕）尤（拾第十四葉第八片）諸辭是其例也

第四片

甲（闕）卯卜（闕）

貞王宓

𣪊亡（闕）

乙殘文行㝎亡

第五片

甲庚闕卜貞

王㝎

歲亡尤

第六片

甲貞王㝎

叙亡尤

乙殘文貞吠

第七片

甲庚子卜貞

王旁歲亡

尤

第八片

甲癸卯卜貞王

㝎歲亡尤

乙 殘文貞

第九片

甲 闕亥卜貞王

闕歲亡尤

乙 闕王𡧊

闕亡尤

丙 闕貞王

第十片

甲 乙亥卜貞

王𡧊歲亡

尤

乙 貞王𡧊

叙亡尤

第十一片

甲 甲午卜貞

王𡧊歲

亡尤

第十二片

甲　癸丑卜貞

王室

歲闕

第十三片

甲　丙午卜大

貞王室

闕亡田

乙　殘文大室

第十四片

甲　貞王闕

𢓊

𢓊字不可識

第十五片

甲　丙寅

貞王

衣

乙 丙寅

貞王

羅振玉釋宿羅氏云說文解字宿止也从宀佰聲佰古文夙又夙注古文作佰佰案古金文及卜辭夙字皆从夕从丮疑佰佰爲古文宿字非夙也卜辭从人在旁或人在上皆示止意古人之自外入者至席而止也豐姞敦作與此同但卜辭省宀耳（增訂殷虛書契考釋第五十六葉）今按羅說可信惟本辭既爲卜宿止之辭則前辭之衣恐非殷祭之衣而爲穿着之衣卜辭中用衣之本誼者甚鮮此例僅見

第十六片

甲 己卯卜貞王

亡巛 丝卸（御）

乙 （殘文）王

第十七片

甲 闕 午卜㝑

闕 𠦪

闕 岳

第十八片

甲 庚戌卜㱿

貞令□

歸眔

㞢工幺

□字不明晰疑从二戈殆爲戔字工係示字在此則爲祭名幺非允字不可識

第十九片

甲 丁酉 闕

貞 闕

□于

□字奇古不可辨認

第二十片

甲　貞不

其易日

乙　貞□

□于

⿰酉彡

□或作□□等形瑞安孫字釋爲叀字唐蘭氏又讀叀爲惟

□乃取字郭沫若氏云取殆掫省掫木薪也（說文）音義俱與槱近（粹第二十八片）

風俗通祀典槱者積薪燔柴也

第二十一片

甲　闕　貞勿闕

闕以丁示闕

第二十二片

甲　㞢（侑）于

丁　牢

一

第二十三片

甲　癸卯卜𣪘

貞其㞢

闕王

闕祝

第二十四片

甲　殘文歲衣

第二十五片

甲　闕于丁

闕衣𠧪

闕沚戠

闕人

𠧪葉玉森氏釋酒迺羅振玉氏釋卣均不塙

第二十六片

甲　闕卜闕

役闕

[illegible]兔闕

殷契摭佚　六　孔德圖書館

允闕

第二十七片

甲

王勿

告于

二告

于字在此蓋假爲雩

第二十八片

甲

貞勿

于且

辛卯御

第二十九片

甲

癸未卜

貞王旬

亡吠

乙

癸酉闕

王旬闕

丙　第三十片
殘文　癸貞亡

甲　癸亥
貞旬
亡囚

甲　第三十一片
癸未
貞旬
亡囚

甲　第三十二片
壬寅卜

乙　貞亡囚
甲午闕
今日征

甲　第三十三片
癸未

貞旬
亡𡆥
乙　癸丑
貞旬
亡𡆥
丙　癸亥
貞旬
亡𡆥
第三十四片

甲　癸丑
貞旬
亡𡆥
乙　癸亥
貞旬
亡𡆥
第三十五片

甲　丁卯闕
貞

乙　己巳卜王
貞亡田

丙　殘文王

第三十六片

甲　癸闕
貞旬
亡田

乙　癸卯
貞旬
亡田

第三十七片

甲　癸酉卜貞
王旬亡吠

乙　殘文未卜吠

第三十八片

甲 癸丑
貞旬
亡𡆥
乙 癸巳
貞旬
亡𡆥
丙 殘文 卯旬

第三十九片

甲 癸未貞
旬亡𡆥

乙 殘文 貞

第四十片

甲 癸酉
貞旬

亡田

第四十一片

甲 癸卯

貞旬

亡田

乙 殘文 癸貞亡

第四十二片

甲 癸丑卜貞

王旬亡畎

第四十三片

甲 癸亥卜王

貞旬亡

田

乙 殘文 癸貞田

第四十四片

甲 癸亥卜

貞今夕
亡𡆥
第四十五片
甲　乙丑卜貞
王今夕亡吠
乙　殘文戊
丙　己未闕
王今闕
亡闕
丁　殘文亡吠
第四十六片
甲　壬子闕
尹貞闕
夕闕
𡆥闕
乙　殘文貞

第四十七片

甲

乙亥卜貞

王今夕

亡咉

第四十八片

甲

貞今

夕亡

尤

第四十九片

甲

甲寅闕

貞今闕

亡囚

乙

乙卯卜

尹貞今

夕亡囚

丙

文殘卜尹

第五十片

甲　丙子卜貞

今夕[illegible]

亡吠

[illegible]字僅見且句法甚奇於千百卜夕之辭例中鮮有羼一字於今夕與亡吠之間者[illegible]或爲地名歟

第五十一片

甲　丁卯卜

貞今夕

亡闕

第五十二片

甲　丁卯闕

貞闕

夕亡闕

乙　辛未卜貞

王今夕

闕吠

第五十三片

甲　甲戌卜
貞今夕
亡闕

乙　殘文夕田

第五十四片

甲　貞今夕
不其攺

第五十五片

甲　癸巳卜
貞王今夕
亡吠

第五十六片

甲　癸卯
貞王

亡吠

癸亥

乙　貞王

亡闕

第五十七片

甲　甲申卜㱿

貞弗其

㠯

㠯或作𠂇余前於拙著鉄雲藏龜零拾中釋㠯爲以訖今思之猶無以易惟語有未盡故復述一二三事爲之補苴焉

㠯字从人从厶隸定之當爲以訓用又古以與通

貞以牛五十 藏第一百七十八葉第三片

此卽用牛五十匹之意

以多𣻇 前第四卷第三十三葉第四片

孟子梁惠王下云與少樂樂與衆樂樂孰樂曰不若與衆此殆卽與衆樂之意也

㠯爲以之最古形又省作㠯

丁酉卜闕 妣乙㠯以羊戩第七卷第十一片

㠯實㠯之省卽小篆㠯及今隸㠯字之所從出許氏謂㠯从反巳非是其後金文時代又多假台爲以台本予之別構見鐵雲藏龜零拾第二片予契文作㠯从二厶今將上口改作今隸下口保存初形卽成台字矣說文云台从口㠯聲非今隸間有保存文古之一部分者如哉篆文从才古文才作十或作十今隸从十乃古文才是其例也金文中假台爲以之文例至多如

受命難老台𣂑眉壽歸父盤

台享台孝用𣂑萬壽句鑃

台蒸台嘗保有齊邦陳侯午錞

台樂其身台宴大闕朱公牼鐘

尙書中亦多假台爲以者舜典云

帝曰格汝舜詢事考言乃言底可績三載汝陟帝位舜讓于德弗台正月上日受終於文祖

台字古文作嗣今文作台舊訓說余曾於拙著鉄雲藏龜零拾中斷嗣必爲似之誤改而似又爲以之誤認又謂㠯㠯形近易訛故今文

又作台今按前說是也後說則非蓋非形近而譌實爲聲同假借台假爲以弗台卽弗以此更可證嗣爲似之誤改而似又爲以之誤認矣

又書禹貢云

　祗台德先不距朕行

先儒均訓台爲我失之此台亦假爲以其意蓋謂祗以德爲先則天下自不能違越我之行也

又書湯誓云

　夏罪其如台

盤庚上云

　卜稽曰其如台

高宗肜日云

　乃曰其如台

西伯戡黎云

　今王其如台

上引諸台字亦爲以之假借應訓何詩召南采蘩云

于以采蘩于沼于沚于以用之公侯之事于以采蘩于澗之中

于以用之公侯之宫

正義云言夫人往何處采此蘩菜乎於沼池於沚渚之旁采之也既采之爲菹夫人往何處用之乎於公侯之宫祭事夫人當薦之也又召南采蘋云

于以采蘋南澗之濱于以采藻于彼行潦于以盛之維筐及筥

于以湘之維錡及釜

正義云言往何處采此蘋菜於彼南澗之厓采之往何處采此藻菜於彼流潦之中采之既得此菜往何器盛之維筐及筥盛之既盛此菜而還往何器烹煑之維錡及釜中煑之也

由正義之解說觀之以字實有何誼是故夏罪其如台史記殷本紀作有罪其奈何乃曰其如台殷本紀作乃曰其奈何今王其如台殷本紀作今王其奈何此皆足證台爲以之假借而應訓爲何者也蔡注釋其如台爲如我何仍以我訓台疎矣

又古以矣同字惟矣字後起詩周頌天作云

彼徂矣岐有夷之行

于省吾氏云應讀爲彼徂以岐有夷之行（雙劍誃詩經新證）其意蓋謂彼徂水之側與岐山之下有坦夷之道也又僞列子仲尼云

其如天下來世矣

卽其如天下來世何也說文云矣語已詞也从矢㠯聲今按矣字實从厶而不从㠯从矢與从人意同考契文族字作夵（前第五卷第八葉第七片）从㫃从交股人非从矢也衆人集於旗下謂之族以形近之故交遂譌而爲矢矣此可證矣字雖从厶从矢其實與从厶从人之以同爲一字也

又以字三體石經作㠯卽今隸以字之所從出人作譌爲刀厶作移於右集韻云似古作佀唐宋以後之誤認佀爲似與春秋時人之誤認㠯爲似先後如出一轍余曾謂古無似字今又獲一傍證

第五十八片

甲　庚辰卜冘
貞其一牛

乙　庚辰闕
翌闕

[illegible]

第五十九片

甲　丙子卜亘

貞弗其牢

以

弗其牢以卽弗其以牢之倒文

第六十片

甲　貞巳

其以

第六十一片

甲　𢆶牛

此片重出見殷虛書契後篇下第二十三葉第三片

𢆶字契文習見瑞安孫氏疑爲𢆶之異文（契文舉例下第三十三葉）非是柯昌濟氏釋流說文流从林㐬㐬忽突也案古流字象虫流於水中形後譌虫形爲𠫓失古誼矣卜辭又曰流人流羌（按當爲芍）百殆卽禹貢所云二百里流矣（補釋）柯說亦未可信葉玉森氏云此字異體作[illegible]

殷契摭佚　十四　孔德圖書館

□等形竝象持物擊水中蛇不可辨認（前編集釋第六卷第十一葉第七片）今按葉雖不識此字然於字形之分析尚失之不違此字實从它（它字从㠯作它可證）从殳（殳隸定爲攴）象以殳擊它之形字中小點乃象血滴非水也以字形推之實當爲𢼊字據集韻此字或作𢼊或作敊說文云敊敷也从攴也聲讀與施同說文又云施旗皃从㫃也聲亝欒施字子旗知施者旗也許氏釋敊蓋已失其朔誼矣

以殳擊蛇而殺之乃敊之本誼其後始引申而爲㐌誼之殺再引申而爲陳尸爲陳設左傳昭十四年叔向曰三人同罪施生戮死可也施者殺也

卜辭中用敊爲殺牲之誼者有如下諸例

甲子卜勿敊芍（狗）百（藏第一百七十六葉第一片）

丁酉卜卯貞其敊豕十妣丁（菁第九葉第二片）

貞敊牛（戩第二十四葉第二片）

敊一牛（珠第十五片）

國語晉語云秦人殺冀芮而施之注云陳尸曰施晉語云從欒氏者大戮施注云施陳也陳其尸卜辭中亦有施人之事蓋陳尸以祭也

𢻱亡國藏第七十六葉第一片

貞𢻱倡按倡乃人名于宊闕拾第十一葉第十九片

卸亦𢻱人前第六卷第三十一葉第三片

奚𢻱人珠第八百六十七片

闕卜大闕其𢻱闕人錄第五百五十一片

貞人雚一牛其𢻱女二卜第九片

至於用𢻱爲陳設之誼者有如下諸例

丙午卜卽貞闕其𢻱一宰珠第八十二片

貞卒𢻱因芍若錄第五百一十五片

貞人歲𢻱于丁卜第二百四十二片

闕鬻𢻱菁第十葉第十一片

此殆陳設牲牢樽俎以祭神也說文訓𢻱爲敷殆卽此誼之引申𢻱施本二字經典多假施爲𢻱施行而𢻱廢金壇段氏云自假施爲𢻱而施从㫃之意隱矣段說誠是然吾人亦可謂自施行𢻱廢之後而施之訓陳訓設詩周南兔罝云施于中逵此施字卽應訓設之由來不復可知矣蓋施本象旗貌實無敷設之誼也余考釋此字之時曾以語金且同氏且同謂陳夢家氏已先我釋之翌日且攜考古雜誌第六期來館示余乃知余說竟完全與陳說暝合不勝驚

殷契摭佚　十五　孔德圖書館

異此字本不易釋而陳氏竟能辨認足見天資穎高倘能繼續虛心研究當更有進益

第六十二片

甲　叀（惟）□

□郭沫若氏云卜辭勿字作□勿字作□判然有別勿乃笏之初文象笏形而上有題錄勿乃犂之初文象以犂啓土之狀勿多假爲犂牛之犂犂之本字作□若□舊均誤釋爲物今按郭說是也

乙　叀

羊

用

丙　其

一牛又一（闕）

第六十三片

甲　叀豕

用御

第六十四片

甲　斿（遊）于宮

(闕)亡𢦏

(闕)又鹿

甲　第六十五片

从　不其

隻(獲)

从舊釋逃不墻

甲　第六十六片

辛酉卜

貞王其

田亡𢦏

乙　(殘文)貞𢦏

甲　第六十七片

乙巳卜

貞王其

田亡𢦏

乙　乙亥卜

貞王其

田亡戋

第六十八片

甲　殘文戊貞田

乙　辛酉卜

貞王其

田噩亡

戋

丙　壬闕卜

貞王其田

安亡哉

安地名史記魏世家云昭王十三年拔我安城又云無忌謂魏王曰通韓上黨於共甯便道安城出入賦之按安城即今河南原武縣東南

丁　闕卜

闕王其田

闕𢦔

第六十九片

甲　壬弜田

其若

乙　闕翌

闕田亡𢦔

第七十片

甲　弜田

其若

乙　闕日辛王

闕宮田

闕亡𢦔

第七十一片

甲　庚寅卜闕

乙　弜田

其若

甲　第七十二片

戊戌卜

貞王其

田亡巛

甲　第七十三片

己卯卜

貞令

亦

阱

甲　第七十四片

壬申卜貞

王其田召

亡𢦏

乙　闕卜

闕王其田

闕𢦏

第七十五片

甲　闕日戊王其田湍日不冓闕

第七十六片

甲　闕戊王其田湍日亡闕

第七十七片

甲　辛未卜

貞王其

田亡𢦏

乙　乙闕

貞闕

田亡闕

第七十八片

甲　王叀⿵亼王田

亡𢦏不冓闕

乙　弜田⿵亼丄

殷契摭佚　十八　孔德圖書館

其雨

□□同一疑是宰字

第七十九片

甲　（闕）寅卜

（闕）效

田

效字當讀如效馬效羊者右牽之（禮曲禮）之效

乙　其

獲

□

□郭沫若氏釋芍論者病之然郭說實不可易惟釋□爲芍者並不自郭氏始瑞安孫氏已先郭釋之矣惟孫氏亦曾沿襲舊說誤釋爲羌其言曰羌字皆作□說文羊部云羌西戎羊種也从羊人羊亦聲此从□从人卽从羊省也金文鄭羌伯鬲作□羌鼎作□此與彼略同（契文舉例上第三十八葉）是孫氏於契文舉例中尚承舊說之誤其後卽悟其非乃於古籀餘論第二卷羌鼎一文中訂政前說云□舊釋爲羌今案

疑當爲芍卽敬之省後大保敬有[illegible]字亦卽苟也孫氏後說完全與郭氏合顧郭氏於堅持已說之時決未徵引孫氏之言而反郭說者亦決未論及孫氏之說是孫說之爲學人遺忘者久矣故特表而出之以告世之治古文字學者

第八十片

甲　王叀田

相亡𢦔

第八十一片

甲　王田相亡𢦔

乙　大吉

第八十二片

甲　癸卯卜闕

貞其令闕

來叀翌甲闕

乙　貞于翌

乙巳令

六月

第八十三片

甲　戊午闕

貞今闕

亡田

乙　戊辰卜

貞亡出

亡田

丙　殘文亡尤

第八十四片

甲　貞王

去

第八十五片

甲　壬戌

令巛

取周

二月

取下一字疑是周字蓋將攻周時所卜之辭也

第八十六片

甲　庚寅

貞雀

弗

其

雀爲國名

第八十七片

甲　丙辰

卜品

貞于

妣郛御

正征

第八十八片

甲　庚闕

殷契摭佚　二十　孔德圖書館

貞翌 闕

田

乙 庚戌卜王

日貞其呈冎

用

丙 庚戌卜王

日貞其利

又右馬

丁 庚戌卜王

日貞其利

ナ左馬

本片重出見殷虛書契後編下卷第五葉第十五片

利或作利利利利利羅振玉氏釋利羅氏云説文解字利从刀从和省古文作利此或與許書古文合或與篆文合又或从秉與从禾同意許君云从和省殆不然矣（書契考釋）商承祚氏承其師説收此字於類編利字項下商氏云卜辭中數見其利不利之語作利亦知其爲利者

文與前同殆繁文耳類編
羅氏所釋雖偶合於字形然於文義實不可通故胡光煒修正其說云卜辭利字从勿者與古文合其省勿作刀者與篆文合實爲一字也勿爲雜帛王國維斷卜辭勿牛爲物牛之省蓋物本雜色牛之名後推之以名雜帛觀卜辭用犁之文如云乙未卜貴貞自𢀛入赤瑪其𥝢不用㞢後下第十八葉以𥝢與赤馬相對爲文又曰庚戌卜王曰貞其𥝢又馬又第五葉亦以𥝢馬對文又云丙辰卜在犅貞叀大又先闕𢑴美犅𥝢不鵻昆卷二第十八葉以犅利連文說文牛部犅特牛㓻从牛剛聲卽犅矣觀此數文皆祭時卜牲之毛色疑犁本爲雜色之牲故其字从彡由利之音推之知其與驪爲一說文古文考
羅釋利於卜辭文誼固不可通而胡謂犁爲雜色之牲且與驪爲一字其說雖盡牽強附合之能事然亦適足以證其於文法毫無理解而已試觀本片其𥝢又右馬其𥝢𠂇左馬二辭卽知𥝢爲動詞而非形容詞或名詞郭沫若氏於此亦有所悟故云𥝢字羅振玉氏收爲利字左傍从采采字一作穗从禾叀聲此言𥝢左馬上片案上片指通第七百三十片亦卽前第四卷第四十七葉第五片言叀左馬同屬田獵之卜則𥝢蓋从刀采聲之字也叀

（古文以爲惠）及剢字疑均假爲驖左馬右馬以上片例之馬種之名也郭氏雖不識此字然謂其有驖誼其識見固非羅胡所及

今按[古文]實當爲制字考篆文制字作[篆文]从未古文作[古文]而契文制字亦有作[古文]（甲第二卷第二葉第十三片）者不从未而从木蓋未木二字含誼既同字形亦近在古文中常混用不別例如武乙時代以前甲骨上所契之干支未字多作[古文]文丁時代則多作[古文]足證木未二字在古無別是篆文从未與契文从木同意惟今隸从𠂒則去古文遠矣

又說文收有制字古文作[古文]當卽契文[古文]（前第二卷第三葉第一片）之演變刀上三彡殆象鋸木時木屑四濺之形古人造字其用意之精密於此可見

海甯王氏謂許書古文乃六國文字而非真古文（戰國時秦用籒文六國用古文說）自是不刊之論惟六國文字亦必間有真正之古文保存於其間此古文[古文]字卽其例也許氏云制裁也从刀未未物成有滋味可裁斷一曰止也許氏釋誼誠所謂不知而妄作制字本誼爲裁謂以刀裁斷樹木也以刀裁木使其合於繩墨斷木而能使其合於繩墨必能制作成物故得引申爲作既以木材制作事物則此木料必已爲人所支配所駕御故又得引申爲御爲人駕御者必爲人所制服故又得引

中爲禽既見禽矣焉得不服從故又得引申爲從字誼如此則制字實應从刀从木作杊今字書無此字古文之亡蓋已久矣難者將謂契文杊多从𣎳而少从木安得據一从木之字而遽斷其餘之字悉爲从木之字耶余當應之曰形同而字異者吾人於契文中已屢見之矣如契文口字雖是丁字然亦爲厶字固不得謂口爲丁而非厶也故𣎳雖與禾字形同其實乃木上多加一丿之字耳今隸制字从𠂔甚爲不體然諦審之即知𠂔實未之譌變而其上之一丿正契文木上一丿之孑遺也焉得武斷其必爲禾字況杊字中有逕从刀从木作杊者耶蓋古文筆畫之增省本無一定隨意爲之研究古代文字者豈可泥於一畫之有無而斷其必爲某字或非某字且禾木二字字形極易混同瑞安孫氏已明言之矣孫氏云秊上禾形竝作𣎳𣎳或省作𣎳諸形大致略同此蓋原始象形禾字上象采下象秆葉參差旁出形實非从禾也其後或省變作𣎳最後定作𣎳則皆葉葉相當與木形同名原第十五葉此豈非余說之佐證乎

誰南主術訓云猶巧工之制木也此例即用制之本誼制謂裁也孟子梁惠王上云可使制梃以撻秦楚之堅甲利兵矣制謂作也

弗制　制畢珠第六百七十五片

制畢卽作田獵所用之網也國策秦策云王因而制之制者御也本片之其制左馬其制右馬卽其御左馬其御右馬也

癸丑卜𡧊貞又赤馬其制不闕 藏第十葉第二片

丙辰卜在㭬貞叀大又先闕 䛐美㭬制不鵗昆 前第二卷第十八葉第二片

乙未卜𡧊貞㠯𦥑又赤瑪其制不闕 𠀠 後下第十八葉第八片

乙未卜𡧊貞ℴ早入馬丄㇈制 後下第十八葉第八片

乙未貞闕馬闕制 後下第十八葉第八片

乙未貞闕貞闕又闕其制闕 菁第九葉第五片

乙未卜闕貞闕其制 菁第十葉第十五片

丙子卜予闕制 甲第二卷第二葉第十三片

乙未卜𡧊貞舊赤馬其制不𣎵 甲第二卷第二十六葉第七片

叀制馬眔大騂亡巛弘吉 佚第九百七十片

上引諸制字均應訓爲御淮南主術訓云是皆以利見制於人也制猶禽也卜辭制字之應訓禽者有如下諸例

其伐𢧁國名制　不制　其伐𢀛制 前第二卷第三葉第一片

貞二伐制 卜第七百三十一片

淮南汜論訓云聖人者作法而萬物制焉制者從也

癸巳卜其孚呼戊　弗制粹第一千一百六十二片

亞立其于　又制粹第一千一百六十二片

其于　又制粹第一千一百六十二片

此三制字應訓從制又爲人名

制示六夕粹第一千五百零五片

丁　殘文　王馬

第八十九片

甲　[illegible]

族

第九十片

甲　弗其

𢦏不

不爲國名

第九十一片

甲　貞孚呼从

奠鄭取𡵂

𠭯啚鄙三邑

此片重出見殷虛書契前編第七卷第二十一葉第四片

𡵂舊釋伓非此字从山从不古不丕通是𡵂字也山名書通作伾禹貢至於大伾傳云今通利軍黎陽縣臨河有山蓋大伾也

𠭯字从爪从用从又考契文午字作8幺字亦作8或書作丰如前第二卷第八葉第七片之午字卽如此作丰前第四卷第三葉第八片之午字土後上第十五葉第十六片之午字土藏第十六葉第一片之午字據此則用字所从之午亦可書作8是𠭯字可隸定爲受也受乃𤔔之古文說文云𤔔治也幺子相亂受治之也讀若亂同一日理也由契文而論則兩手用事謂之𤔔許氏緣後起之字形爲訓未可信也此片之意蓋謂呼鄭人取伾山且治鄙三邑也

契文中又有𡌿字下又从土乃受之緐文

癸闕貞闕令擊受于先侯十月前第六卷第十四葉第六片

甲子卜㱿貞令擊受田于闕古盬王事前第七卷第三葉第二片

擊人名先侯地名

受訓治而治又有習誼周禮春官大宗伯治其大體治謂習也說文

云習數飛也禮月令鷹乃學習在卜辭中則叚用爰爲調馬之意

闕在潢王其爰大駁𩧢罘騽亡𡿧畢前第二卷第五葉第七片

丁卯卜在夻去貞𡧊告曰駁來羞王叀惟今日爰亡𡿧畢前第二卷第十二葉第一片

乙　貞翌甲申不其易日

丙　翌丙戌

[illegible]

丁　貞翌甲申易日

戊　貞翌

第九十二片

殷契摭佚　二十四　孔德圖書館

甲　貞𢀛𢦏猶（八月）

第九十三片

甲　王

伐

𢀛方

受㞢（祐）

𢀛瑞安孫氏釋昌海寧王氏釋吉葉玉森釋苦葉氏云說文丙舌貌倒置之與卜辭𢀛字所从之𢀛相似丙从口象舌丅象其系人象其紋𢀛則𠯑人疑古舌字味苦則吐舌出口乃古苦字又云𢀛方殆卽苦國（殷契鉤沈）孫王所釋固誤而葉釋亦可謂想入非非葢𢀛字所从之𠙵與𠙵冊之𠙵同亦卽示字今此字从口从示實當爲𥘅乃玉篇所收古文嗜字地望不可知

第九十四片

甲　（闕）ㄗ今

（闕）𠂤下𦣻

𦣻葉玉森氏謂爲象形字因釋爲椒未可信

第九十五片

甲　庚午闕

王取卯

第九十六片

甲　爯芍

第九十七片

甲　闕其闕

闕來三闕

闕㞢闕

三契文一二三之三作☰又另有一字作三其中一筆較短甲骨文編收爲彡字非今按三乃工字从三丨徐鉉說文注丨音古本切徐鍇說文繫傳音袞孤損反陳獨秀氏云丨卽木幹亦兼竹杆而言橛之初文今語曰棍自原始之木幹以至近世最精之機器之槓桿乃人類一切工作用具之基本工具又云丨橫豎交加用之則爲工東方雜誌第三十四卷第六號實庵字說陳謂工字从丨是也惟契文工字非橫豎交加而爲三橫而中間之一橫較短今隸工字書作工而不書作工其中一豎亦較短猶存

古意工在卜辭中蓋假爲將東韻之工在古韻第九部陽韻之將在第十部部居雖異然从工得聲之江 江在今日有兩音一爲基腔切一爲古雙切今語表示未來之語法亦有二如將要作某事又或謂剛要作某事 韻音轉近陽韻鄭庠且以東冬〻江陽庚青蒸合爲一部其說雖疎亦足證東部之工與陽部之將韻近可以通假詩簡兮方將萬舞箋〻云將且也文選東京賦及將祀天郊注〻云將欲也持此誼以讀卜辭則往日之滯礙難通者今則迎刃而解矣

癸巳卜𣪊貞旬亡𡆥王固曰㞢 有 希 祟 其㞢來嬄 戚 工 將 至五日丁酉允㞢來嬄自西沚𢦏告曰土正 征 我東啚 鄙 闕 二邑舌方亦牧我西啚田 菁第一葉第一片

工與允乃相對之辭上文〻云敵寇將至故下文〻云敵寇果至矣

庚戌卜貞王工 將 正河設𢀛允正 後下第十六葉第二片

正河殆卽治河水之意上文〻云將治河故下文〻云果治河矣

庚申今日工雨 粹第七百七十一片

此謂今日將雨也

闕 王往伐 闕 王工令 闕 珠第七百八十片

王將令某人作事也

甲子貞昱工彡闕于闕衣殷珠第十一葉

丁亥工自雩闕十月珍示安第四期帚矛說第八十二片

工彡者將彡祭也工自雩者將親自舉行雩祭也

工爯冊甲第二卷第十一葉第四片

是將爯冊也

戊晨闕貞昱辛闕亞工以衆人𠂤丁彔乎呼仔保我前第七卷第三葉第一片

亞人名𠂤丁彔三字不可解推測其誼蓋謂亞將以衆人禦敵且呼人來保衞我也

丁丑叀工于匽闕匽前第六卷第二十七葉第四片

匽地名此謂將于匽行某事也

卜辭用工字之處甚多然其文例無有出於上引諸辭之外者且多殘闕故不具引但據上引各片亦足以證余說之非妄矣

第九十八片

甲　貞其

屮有來

亜

垔或作旺葉玉森氏云从戈从口其義與戔近今按葉說形是也說誼則非字从戈从口實應作戓說文無郭忠恕之佩觿集則有此字佩觿云戓各何切音歌地名而契文中亦有用戓爲地名者是戓字之來源必甚古而郭氏採之以入佩觿亦必有所本惜書闕有間無從詳考不但戓之本誼久已失傳卽戓之地望亦不復可知矣

余以爲戓字在契文中或假爲格詩斯干約之閣閣考工記匠人注作約之格格閣在藥部戓在歌部藥部屬古韻第五部歌部屬第十七部部雖不同然漢人以魚虞（第五部）歌麻（第十七部）合爲一部足見戓閣聲既同而韻亦近也閣可假爲格則戓當然亦可假爲格矣

詩楚茨神保是格傳格來也卜辭中用戓爲來誼者如

貞呼見戓自𠤳（甲第二卷第七葉第九片）

見爲人名𠤳爲地名

書君奭天壽平格鄭注至於天也卜辭用戓爲至誼者如

庚申卜烄其雨巛允戓（藏第二十九葉第三片）

同片中有辭云丁巳戔往亡囚乃卜往之辭足證此辭乃卜至之辭也

庚辰卜貞宁戓魚帚不在茲後下第四十葉第十片

辛未卜貞王戓衖闕又甲第一卷第七葉第九片

下引諸辭訓來訓至均可通

貞我戓卜第七百八十七片

戊申卜其戓藏第九十一葉第一片

丙辰其戓眔丸目後下第三十八葉第四片

貞㞢戓我攺錄第一百三十五片

貞丙戓錄第八百四十五片

貞丙戓錄第九百零八片

戊其戓珠第一百八十七片

貞[illegible]戓拾第十五葉第一片

書益稷謨格則承之庸之格謂憂格也卜辭云

闕戓其名前第六卷第一葉第四片

後漢書叱奴下車因格殺之格殺謂擊而殺之也卜辭云

丙申卜戓駁左右中人三百六月前第三卷第三十一葉第二片

郭沫若氏云戓字从戈當有伐栽之意字不識郭雖不識此字然於

誼則得之矣三國志姜維傳傳僉格鬬而死是格又有鬬爭之誼也

卜辭云

祉其戓𢍏藏第十八葉第一片

祉爲人名𢍏卽羊方國名

東戓羊藏第一百一十九葉第三片

丁卯卜㱿貞𢀛其戓拾第九葉第十二片

𢀛卽殷虛書契前編第五卷第十三葉之𢀛方

貞我戓宁拾第十四葉第四片

𢍏不戓前第四卷第三十五葉第三片

闕卜𢍏其戓豸前第四卷第三十五葉第六片

闕戓大𦎫屮前第四卷第四十三葉第一片

癸巳卜賓貞多馬闕戓前第四卷第四十葉第五五片

馬卽馬方

庚戌卜王貞𠂢其獲正征戓在東一月前第六卷第二十六葉第一片

戊申闕午𡇒闕㞢戓東西闕自西从闕于之幸前第六卷第四十六葉第五片

甲辰卜旁貞中方其爯隹戓十一月後下第十八葉第四片

壬寅卜見弗獲正或後下第三十四葉第四片

三日乙酉㞢來自東畫乎白告井方或後下第三十七葉第二片

癸闕或𦖞甲第二卷第十葉第七片

闕追闕或弗其獲正弗闕方藏第四十葉第五片

史記張儀傳驅羣羊攻猛虎不格明矣是格有匹敵之意也

不或服藏第十四葉第十片

此乃不敵而降服之意

至於用或爲地名者則有如下二例

巳巳卜乎衆人于或甲第一卷第二十葉第十四片

庚午卜㱿貞叀惟王鄉饗或闕前第四卷第二十二葉第一片

此乃王饗或人之卜辭

其餘因文字殘闕過甚或因不識其他文字而不能得其確訓者僅

兩片辭云

于高祖求不司或粹第四零一片

癸卯卜貞弜闕其闕或闕㞢珠第九百六十四片

甲骨中契有垂字之辭例略盡於此讀垂爲格幾無往而不可通則

垔之應釋爲或殆無可疑

乙　殘文卜令亡第九十九片

甲　闕𠂤師般

𡐓闕

𡐓字从二或由文例觀之與或實爲一字殆其緐文耳

貞衖其𢧢卜第七百二十二片

𢧢謂至也

貞𠂤般在𢧢𢍿在之奠藏第一百六十八葉第三片

辛丑闕內貞我𢦔衖于𢧢前第六卷第二十二葉第八片

癸丑貞旬亡囚在𢧢粹第一千四百二十六片

王往于𢧢佚第八百一十五片

壬寅卜旅貞王其往雚亡于𢧢巛真第一集第六十七片

上引諸𢧢字並爲地名

甲　第一百片

貞闕

日闕
乙受
年
丙貞
雨
第一百零一片
甲受
年
第一百零二片
甲受
年
第一百零三片
甲癸卯卜㱿
貞今歲受闕
第一百零四片
甲㞢

𣱵

第一百零五片

甲　貞𣱵

闕于

闕庚

第一百零六片

貞勿

𤕌

𤕌陳邦懷氏曰說文𤕴字篆文但省兩手爲一葉玉森氏云或假𤕴

爲戕說文戕傷也

第一百零七片

甲　闕戊卜

其𣪊

卜二

𣪊字从東从又字書所無

第一百零八片

甲 貞
隹
𡆥
乙 㞢涿
㞢𡆥
第一百零九片
甲 戊闕
貞闕
交闕
母闕
第一百一十片
甲 我㸚
我下一字已殘闕惟字形甚奇
第一百一十一片
甲 丙戌卜行
貞翌丁亥

其又闕

乙　弜又祐

第一百一十二片

甲　庚午闕

豖

至

第一百一十三片

甲　丁卯卜闕

亡乇王闕

乙　殘文其

第一百一十四片

甲　丁丑卜㝉貞

闕叧屵闕

此片重出見殷虛書契前編第六卷二二葉第五片

叧字不識

屵今世學人多以山爲火遂無人識此字其實字从山从厂卽屵字

說文有屵部

第一百一十五片

甲　貞勿

令

第一百一十六片

甲　弜又

⿱册口

乙　殘文　⿰酉彡

第一百一十七片

甲　弜

品

品从三口乃是品字另有品字从三厶乃是厽字形雖近而字不同

第一百一十八片

甲　癸亥

卜殸

乙　戊申

卜㱿

本片並無殘闕而文字極其簡略所卜何事占卜之結果如何均不得而知蓋貞人已記憶所卜之事及其結果於心中不過聊契數字於甲骨以助其記憶耳

殷契摭佚

江津　李旦丘編

一

二

殷契摭佚

一

孔德圖書館

三

四

五

六

七

八

殷契摭佚

九

一

一一

一二

一三

一四

二

孔德圖書館

一五

一六

一七

一八

一九

二〇

二一

二二

二三

二四

二五

孔德圖書館

二六

二七

二八

二九

三〇

三一

殷契摭佚

三二

三三

三四

四

孔德圖書館

三五

三六

三七

三八

殷契摭佚　五

三九

四〇

四一

四二

四三

四四

孔德圖書館

四五

四六

四七

四八

四九

五〇

殷契摭佚

六

孔德圖書館

五一

五二

五三

五四

五五

五六

五七

五八

五九

六〇

六一

殷契摭佚

七

孔德圖書館

六二

六三

六四

六五

六六

六七

六八

七〇

六九

七一

殷契摭佚

八

孔德圖書館

七二

七三

七四

七五

七六

七七

七八

七九

八〇

八一

八二

八三

八四

八五

八六

八七

八八

八九

九〇

九一

九二

九三

殷契摭佚

十

孔德圖書館

九四

九五

九六

九七

九八

九九

殷契摭佚

十一

孔德圖書館

一〇〇

一〇一

一〇二

一〇三

一〇四

一〇五

一〇六

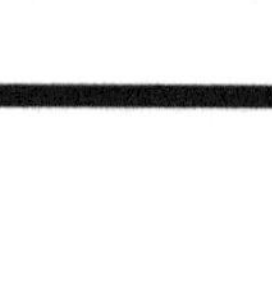
一〇七

一〇八

一〇九

一一〇

殷契摭佚　十二　孔德圖書館

一一一

一一三

一一五

一一二

一一四

一一六

二一七

二一八

中華民國卅年一月出版
孔德圖書館叢書第三種

殷契摭佚 一册
定價聯幣拾伍元

著作者 李旦丘
編輯者 孔德圖書館
發行人 陳濟川
發行所 來薰閣書店 北京琉璃廠一八〇 電話三〇九九三
分售處 來薰閣書店 上海廣西路二八一 電話九一三四九

中國科學院攷古研究所特刊

殷契摭佚續編

李亞農著

中國科學院[illegible]

一九五〇年五月出版

自序

今世之考釋甲金文字者輒以分析偏傍為言夫分析偏傍之法倡自瑞安孫氏誠為科學的方法然止可施之於標音文字及一部份表意文字（即六書之所謂會意字乃合二字或數字而成一字者）而未必能適用於象形文字及另一部份表意文字也（即六書之所謂指事字王筠氏謂其字非合他字而成或合他字而其中仍有不成字者）賓 祀祀 印 从等字雖有偏傍可加分析然而犬 羊 上 下等字不知其有何偏傍可資分析也是以標音文字之考釋較易而考釋之結果亦易於辨別其是非象形文字及非合他字而成之表意文字則考釋甚難而考釋之結果更不易於判斷其碻否如（見第三百零二片）字本蜘蛛之象形乃今人多釋為黽不但今人釋之為黽古人早已誤釋為黽矣試觀鼄字从黽即古人誤釋之鐵證鼄本金文之隸變所肖者為蜘蛛之狀以其形近於黽不易辨認故金文時代之書家乃附一聲符朱字以資識

別其後隸化之際蜘蛛居然變為蝦蟆矣又如見第二百十六片字下體从止上體所从者則不知其為何偏傍也而余釋之為凰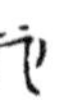見第二片字外部从冂內部从几內外兩部之所从並不知其為何偏傍也而余釋之為衅說文云衅牲血塗器祭也論者或將病其游離而不的然竊以為對於此種象形文字及表意文字除依據吾人所獲之印象加以考釋而外實無他途聞宥氏雖欲藉語言考古學之力以濟古文字學之窮謂治古文字學而不得古語言為據則無以為立說之本又謂即以相形態論有時亦須了然於其根據始能瑩澈而此所謂根據者即語言果無此語亦必無表此語之文也與孫海波氏書載古文聲系設無此語誠無此文然吾人倘不先識其文何由知其聲不知其聲又何由知其為古代之何語是識字為語言考古學之前提今聞氏反欲以古代言語為考釋文字之根據其無乃顛倒本末乎聞氏之說吾人既未能苟同而分析偏傍之法對於一類文字又無所施其

威力則吾人惟有依據個人所獲之印象而釋之爲凰爲衅耳如謂不然願聞明教辛巳秋江津李亞農序於上海

本編完稿於八九年前因抗日戰爭日趨緊張太平洋事變繼之暴發遂無法付印乃託友人代爲保存今年春上海解放余隨軍重來於友人家中尋得舊稿經此長期戰禍居然未毀於兵燹豈非厚幸編中拓片精品頗多亟應付印以供契林之研究惟是羈於公務於舊稿雖多不滿之處終未遑執筆重寫僅增損數字而已糾正乖謬請俟異日其中考釋文字曾請夏鼐胡厚宣兩先生費心校閱一過此則應向兩先生致謝者也

一九四九年冬補記於上海楓林橋畔

述例

一　釋文拓片號碼下有米符者本為畫家顧青瑤氏珍藏於去歲始歸孔德研究所係出土於三十年以前者無米符者乃購自海上之古董商人殆為近年出土之物

一　本編拓片除卷首之三鉅片外曾略加分類如下一祭祀二用牲三食貨四田遊五征伐六天象七貞夕貞旬八雜卜

一　甲骨殘損於其闕處書一闕字其殘闕過甚者固不能補而可補出者又多為習見之辭無庸補苴故一律未補

一　本編徵引諸家著作多用略稱今特列一略稱表於左以備檢查

前　殷虛書契前篇　羅振玉編

後　殷虛書契後篇　羅振玉編

菁　殷虛書契菁華　羅振玉編

戩	戩壽堂所藏殷虚文字考釋	王國維著
藏	鐵雲藏龜	劉　鶚編
拾	鐵雲藏龜拾遺	葉玉森編
集	殷虛書契前篇集釋	葉玉森著
通	卜辭通纂	郭沫若編
粹	殷契粹篇	郭沫若編
佚	殷契佚存	商承祚編
契	殷契卜辭	容　庚編
甲	龟甲獸骨文字	林泰輔編
天	天壤閣甲骨文存	唐　蘭編
零	鐵雲藏龟零拾	李旦丘編
摭	殷契摭佚	李旦丘編

殷契摭佚續編

一

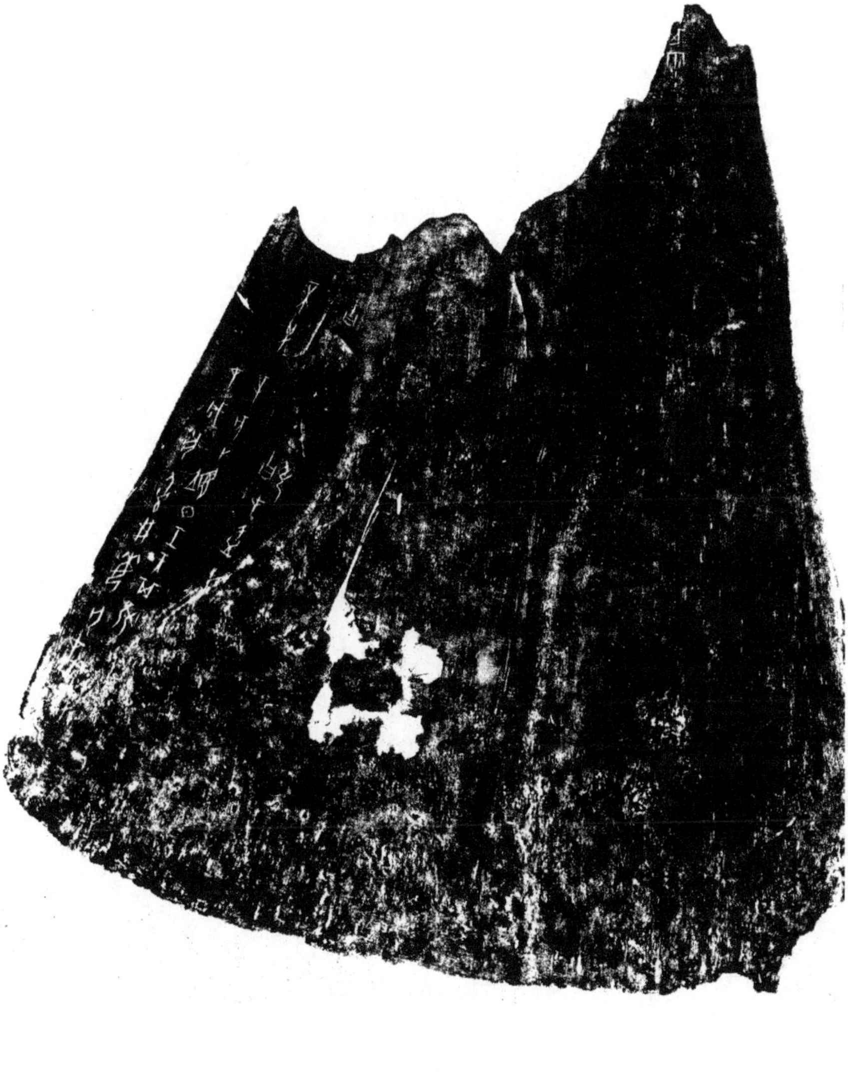

殷契摭佚續編 一二

2

殷契摭佚續編 三

3

殷契摭佚續編 四

4

5

6

7

8

9
10
11
12
13
14

殷契摭佚續編 五

18

15

16

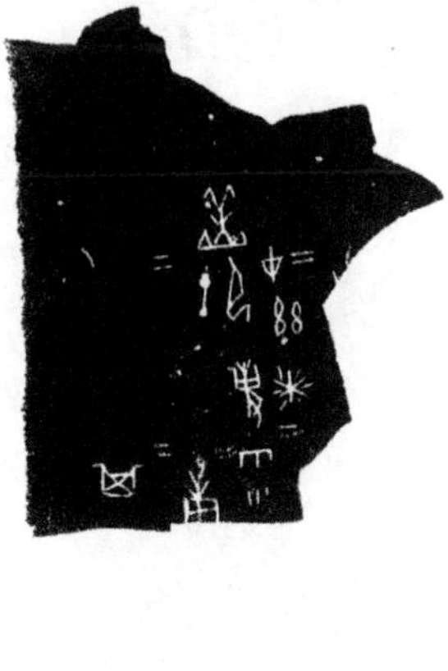

19

17

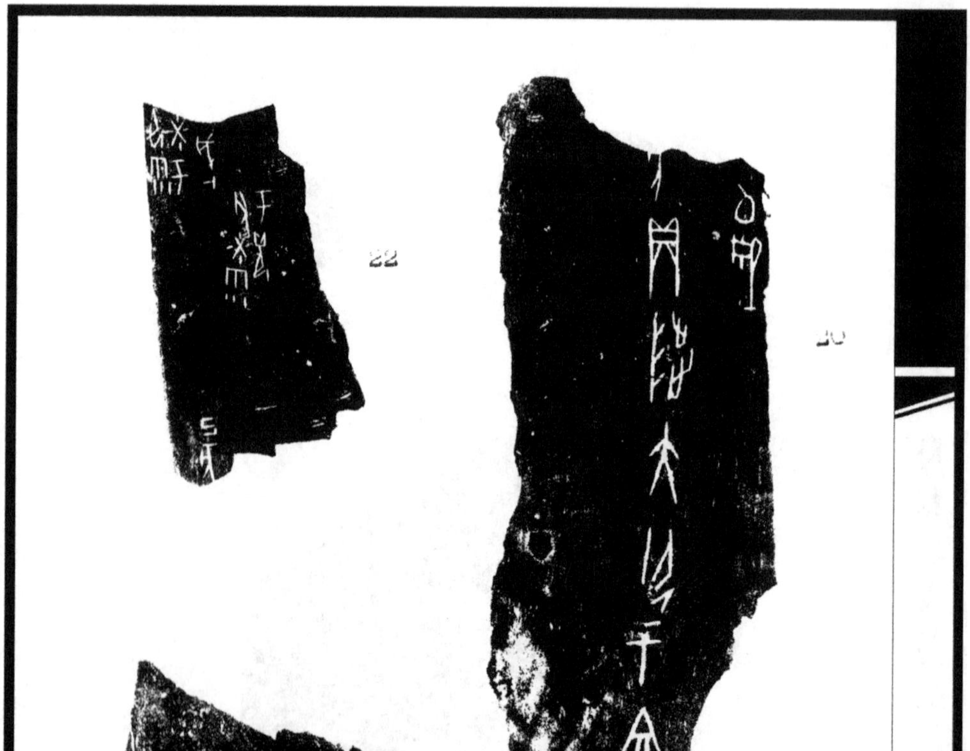
22
20
23
21

24

28

27

26

25

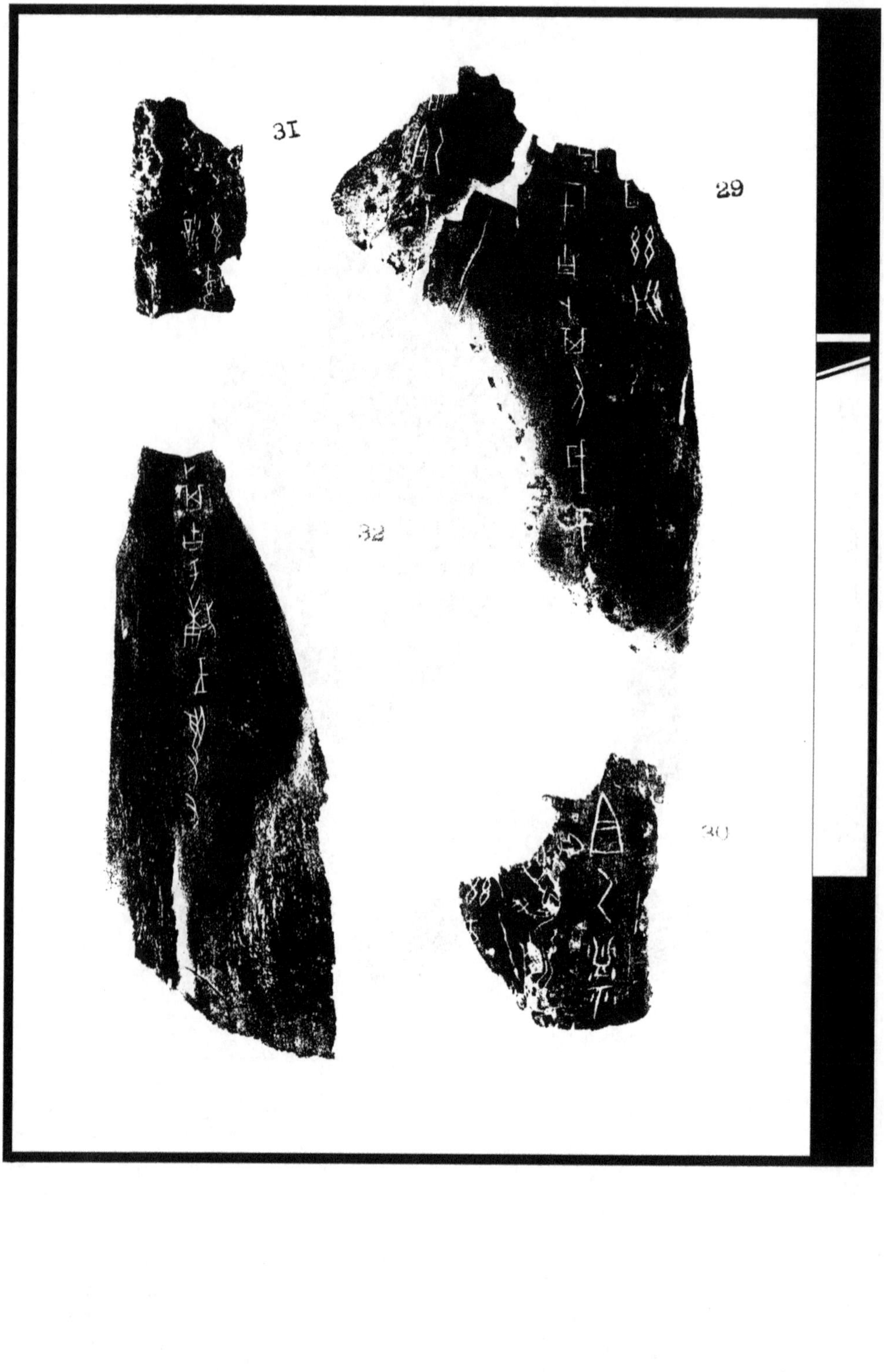
29
30
31
32

殷契摭佚續編 七

33

34

35

36

39

37

40

38

41

殷契摭佚續編　八

42

43

44

45

46

47

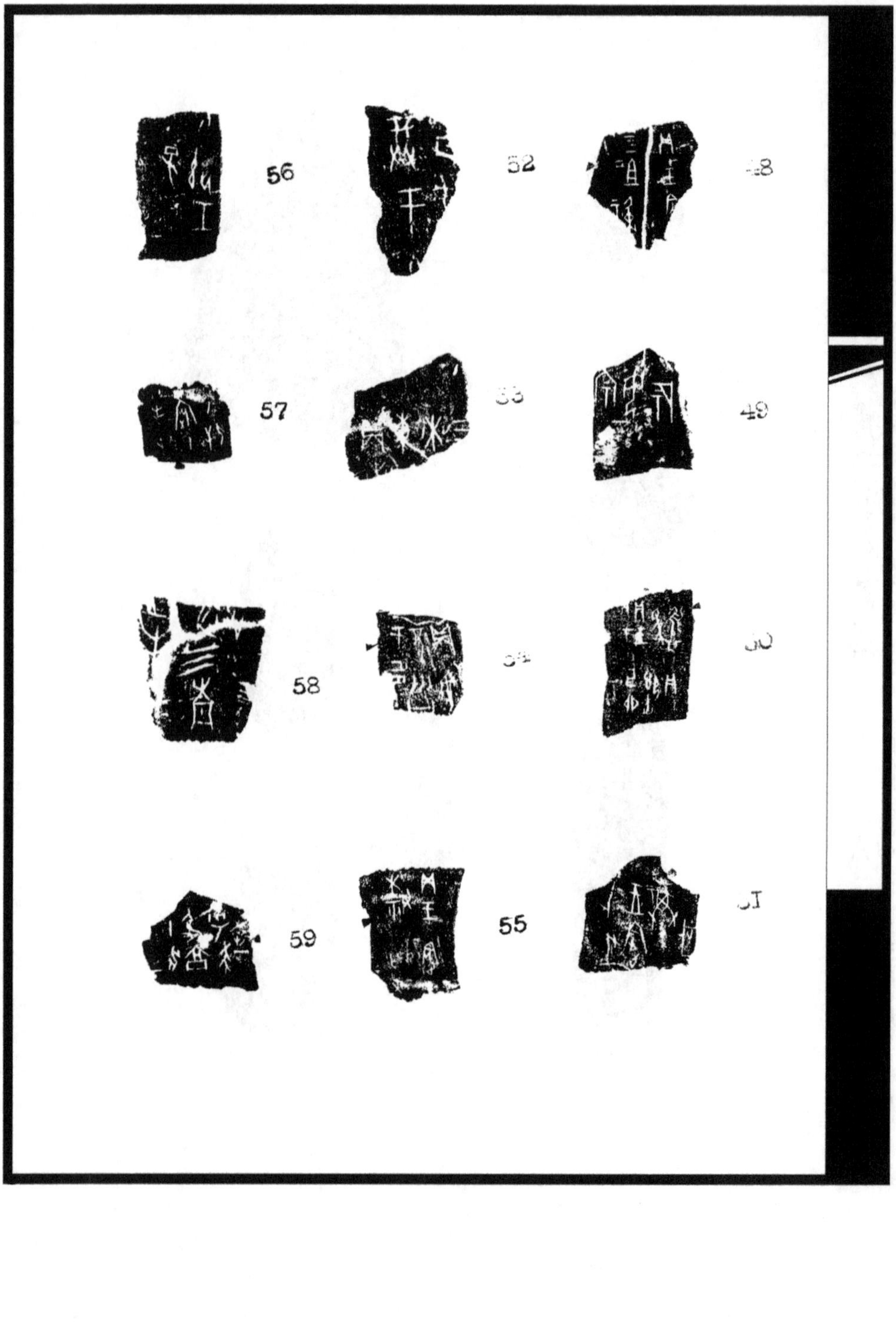
56
52
57
49
58
59
55

殷契摭佚續編

九

62

60

63

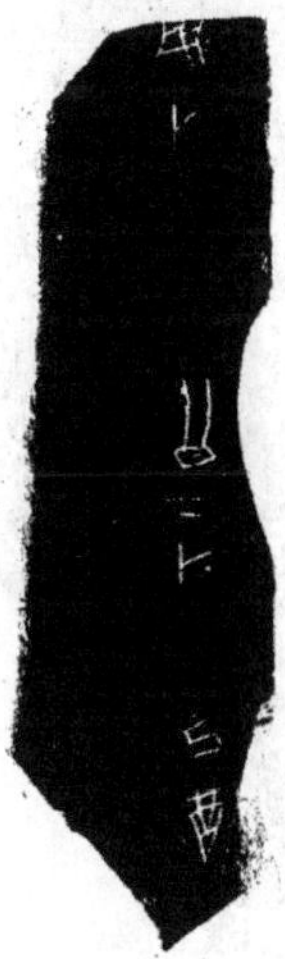

61

64

65

68

66

67

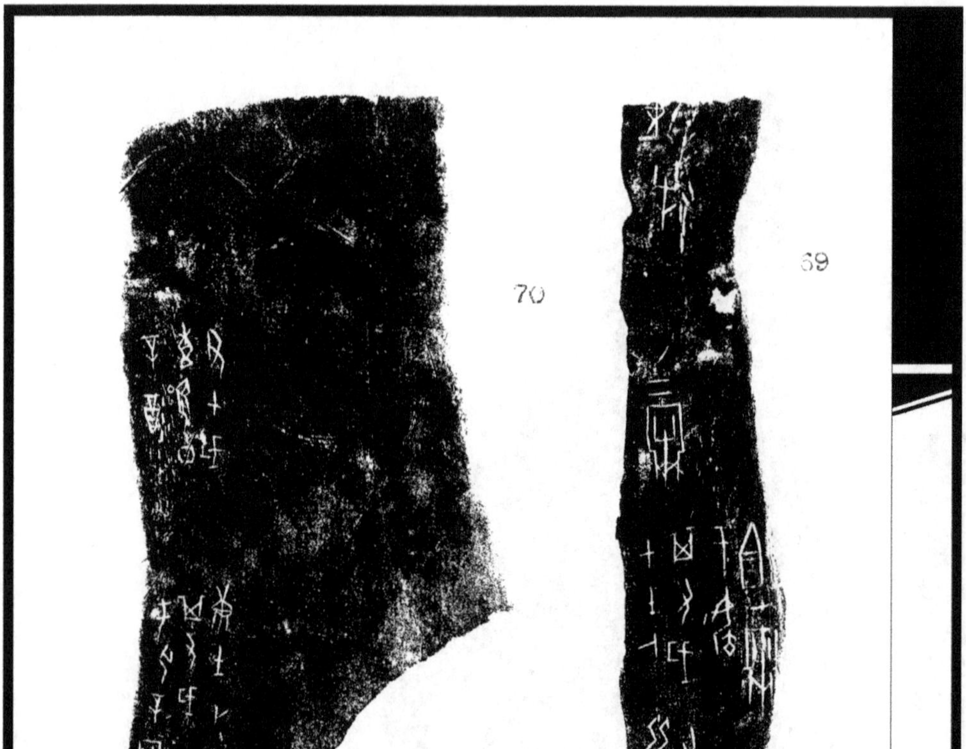
69
70
71
72

殷契摭佚續編

十一

73

74

75

78
76
79
77

80

81

82

83

86

84

87

85

殷契摭佚續編

十三

90

88

91

92

89

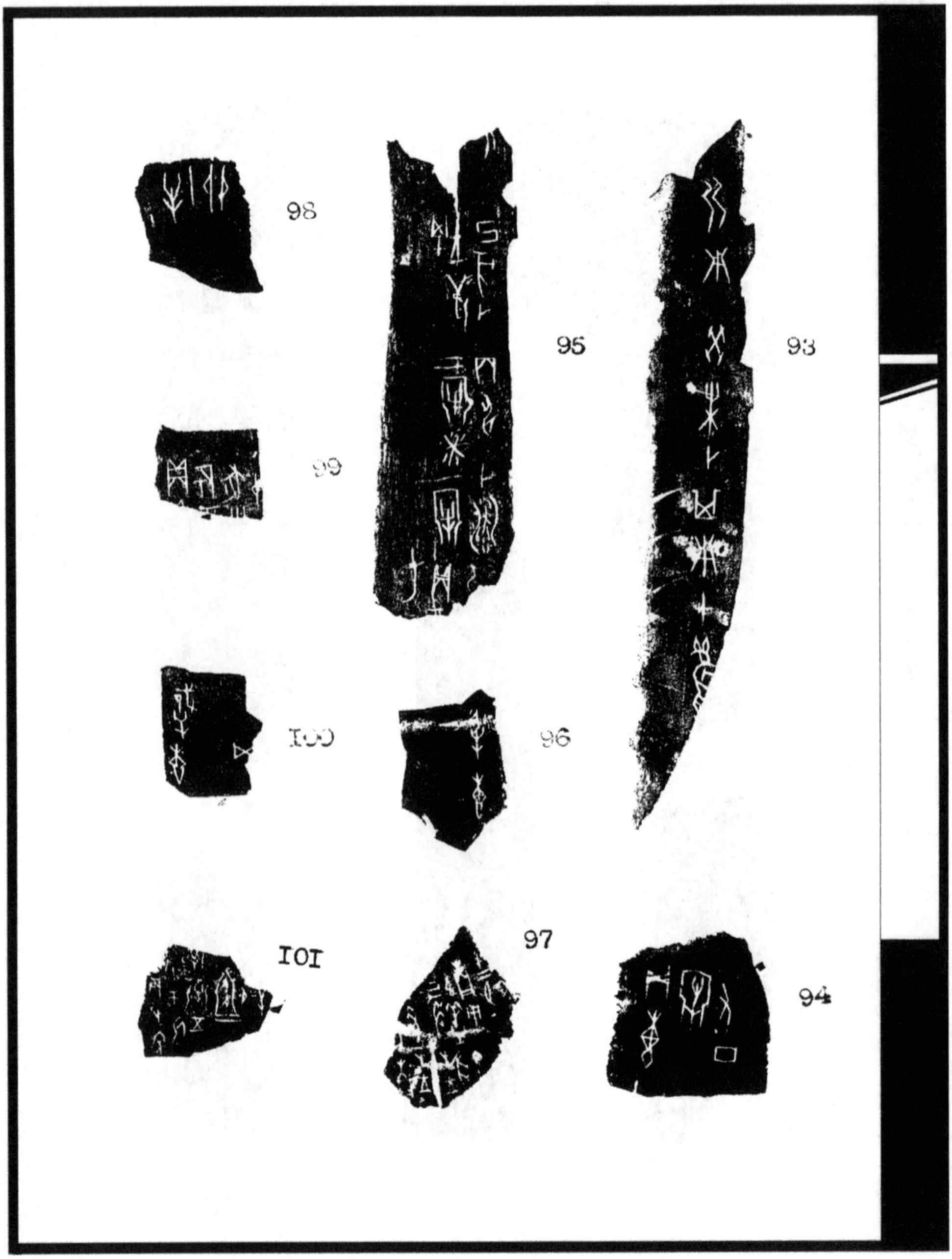
98
95
93
99
100
96
101
97
94

殷契摭佚續編 十四

106

102

103

104

108

107

105

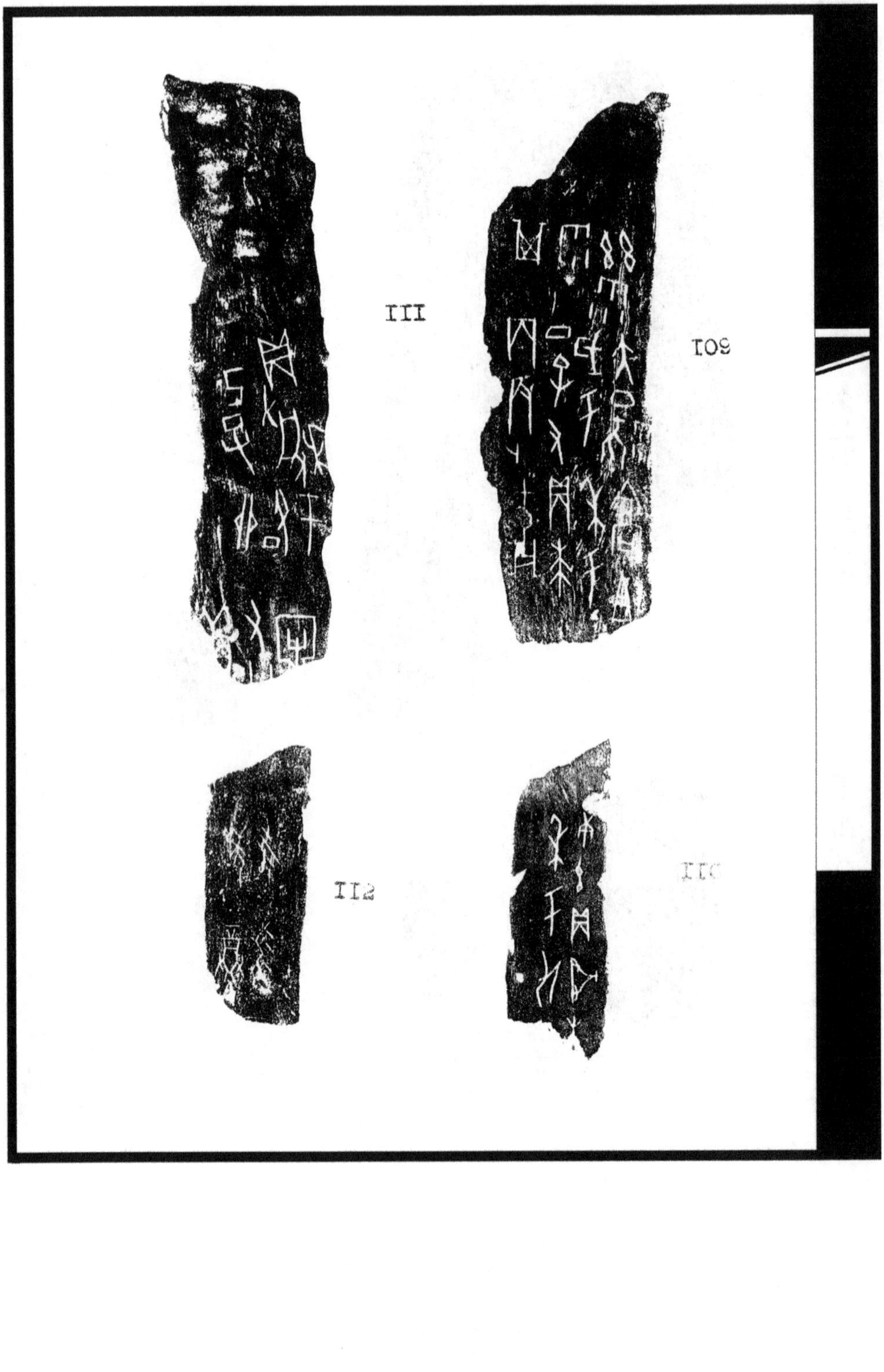
111
109
112
110

殷契摭佚續編 十五

113

114

115

116

117

118

119

120

122

121

123

124

I26

I27

I28

I25

131

129

130

132

I38

I35

I33

I36

I39

I40

I37

I34

142

141

143

144

145

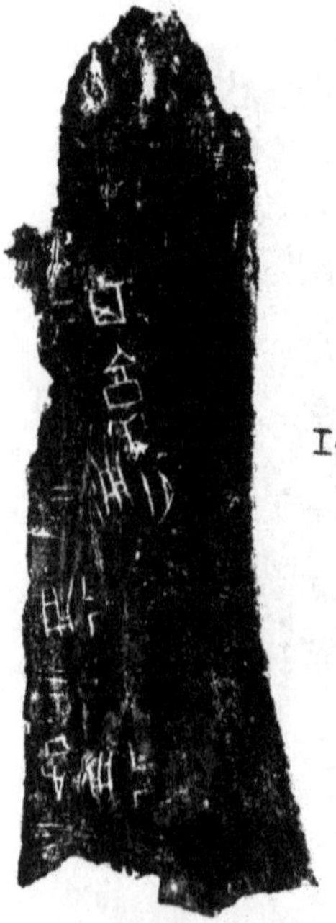

146

147

殷契摭佚續編 十九

148

149

150

151

152

153

154

155

156

159

157

158

162

160

161

163

I66

I64

I67

I65

168

169

170

171

172

173

174

175

176

177

178

179

180

181

182

183

184

185

189

186

190

187

188

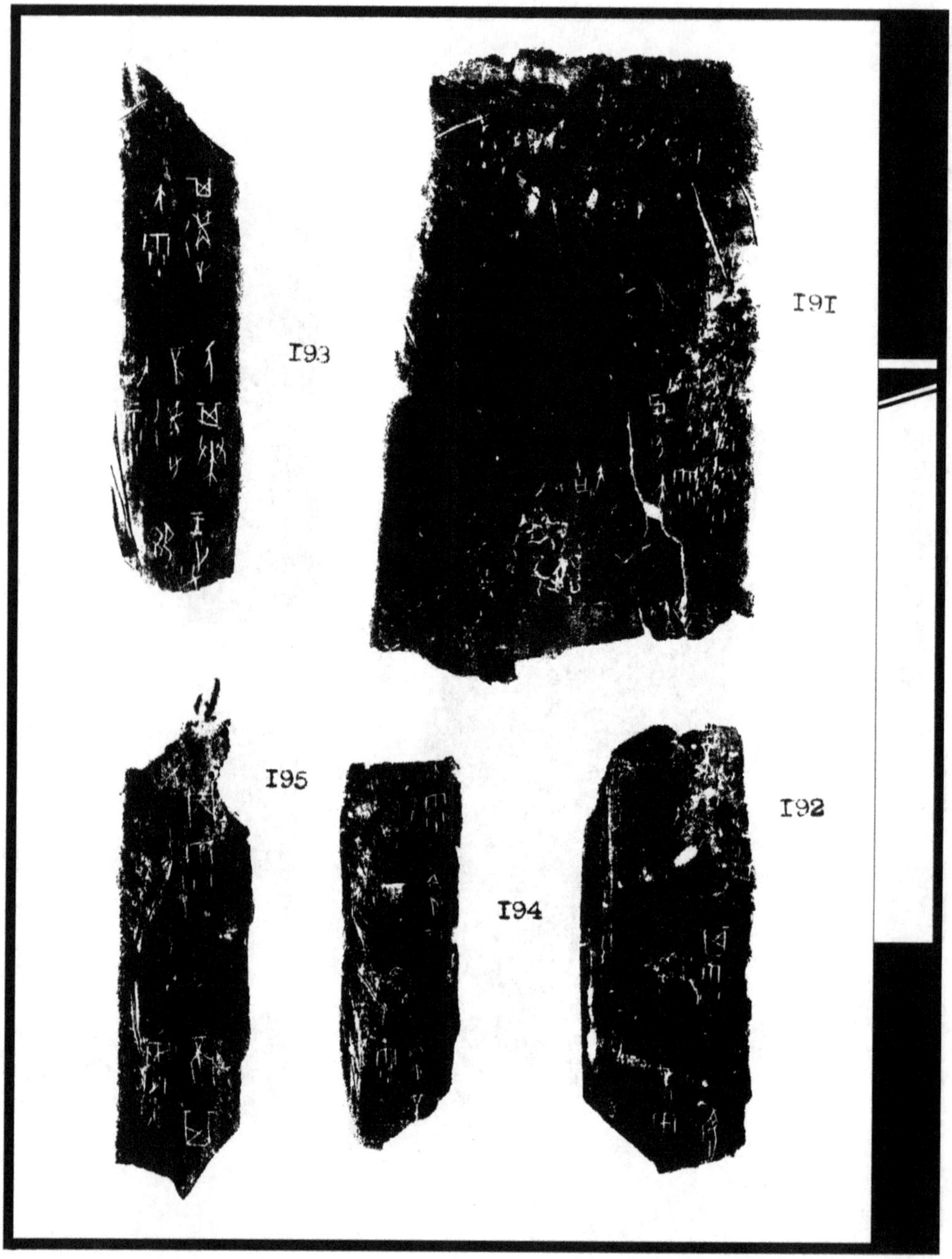
193
191
195
194
192

殷契摭佚續編　二十三

198

196

200

199

197

205
204
202
203

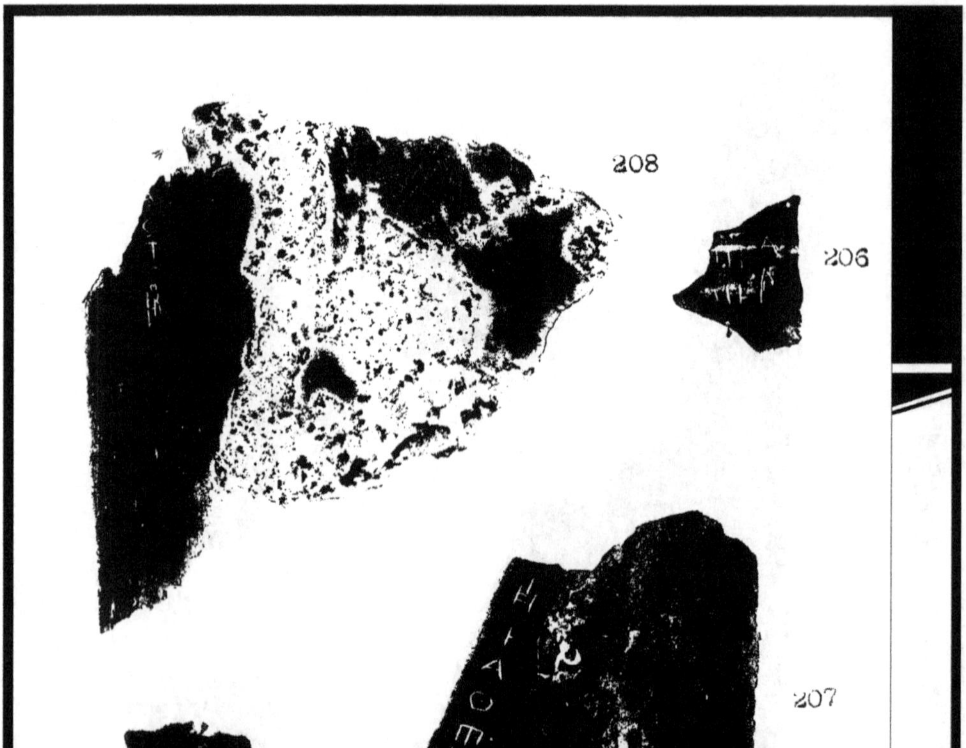
208
206
207
209
210

殷契摭佚續編 二十五

215

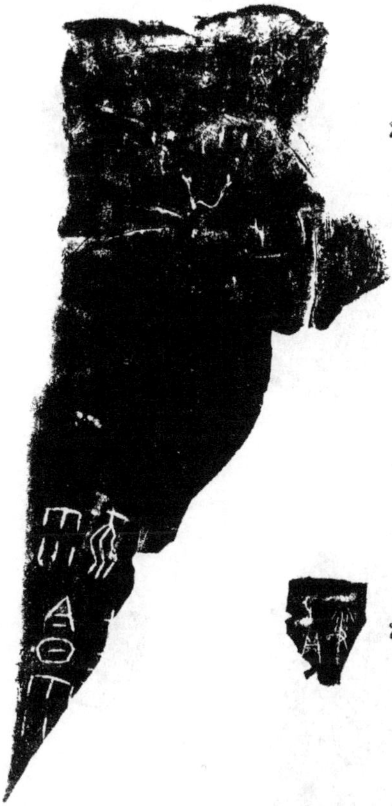
211

216

212

214

213

219

223

217

220

221

224

222

218

殷契摭佚續編 二十六

227

225

228

226

229

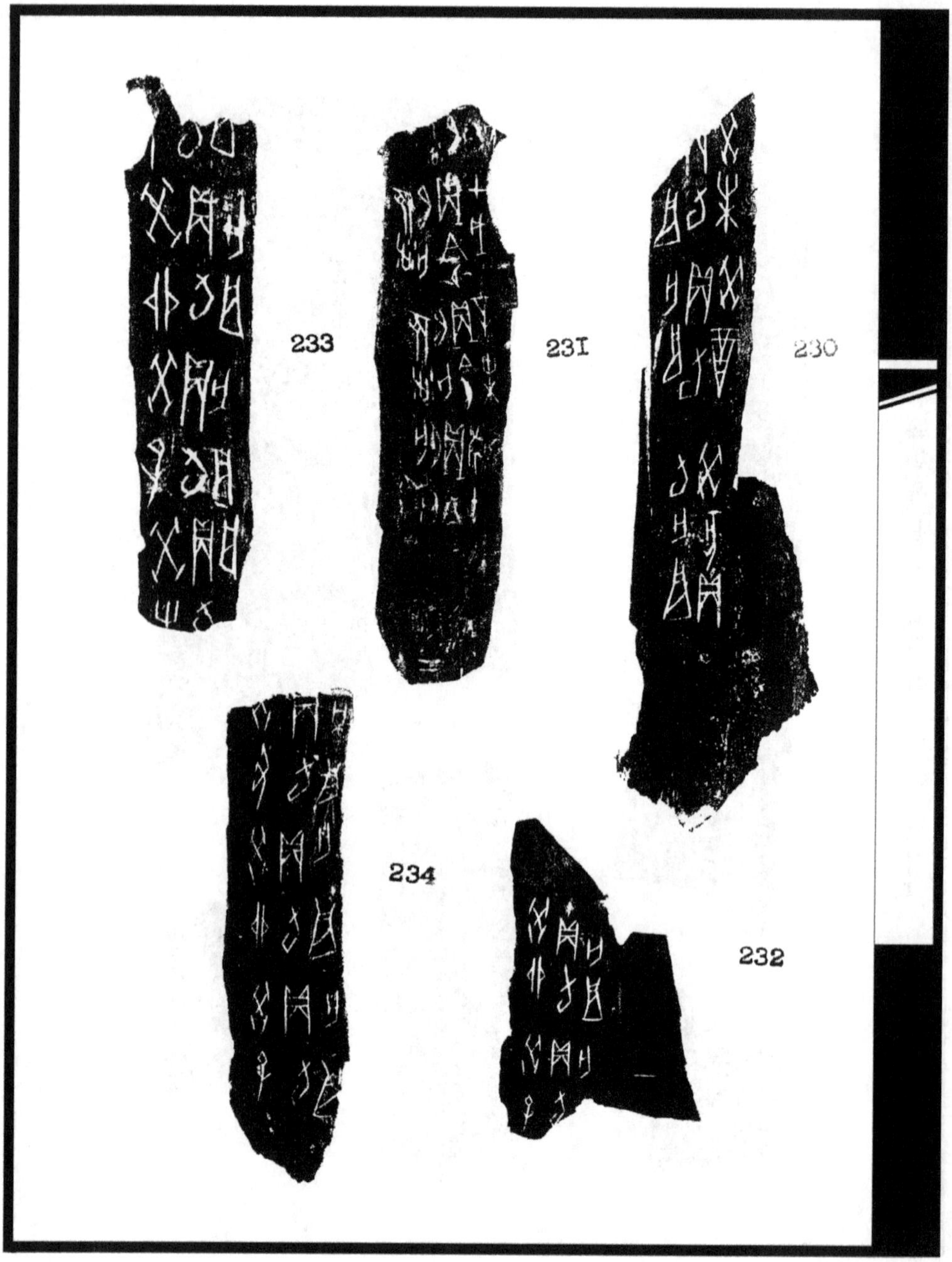
233
231
230
234
232

殷契摭佚續編 二十七

240

237

235

241

238

242

243

239

236

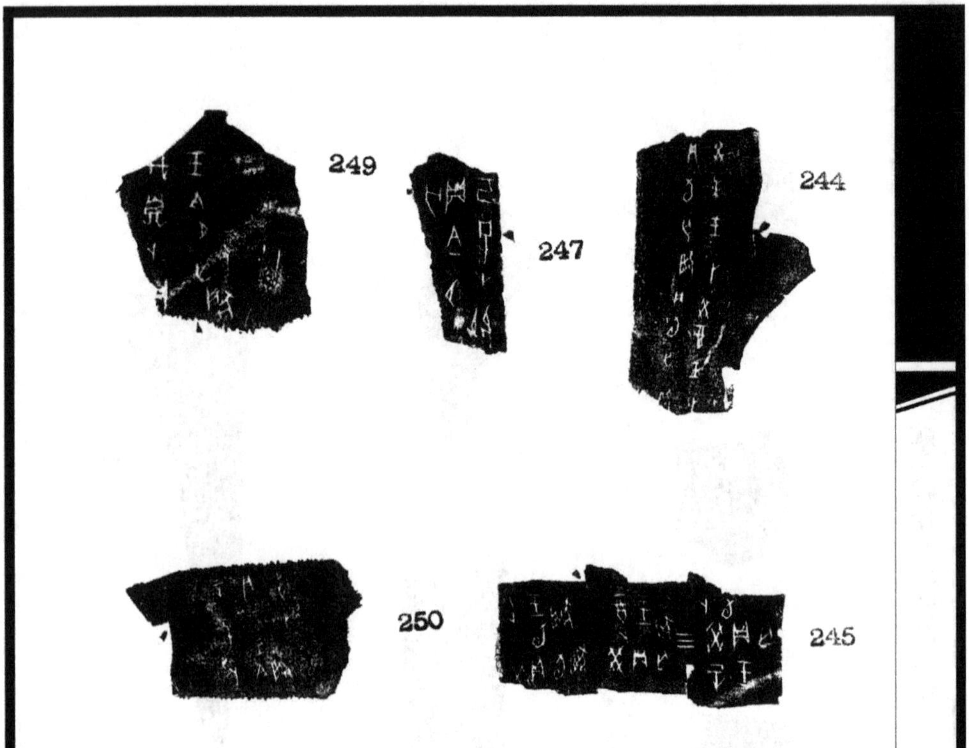
249
247
244
250
245
251
248
246

殷契摭佚續編 二十八

252

253

254

255

256

257

258

259

260

261

262

263

266

264

269

267

265

270

268

27I

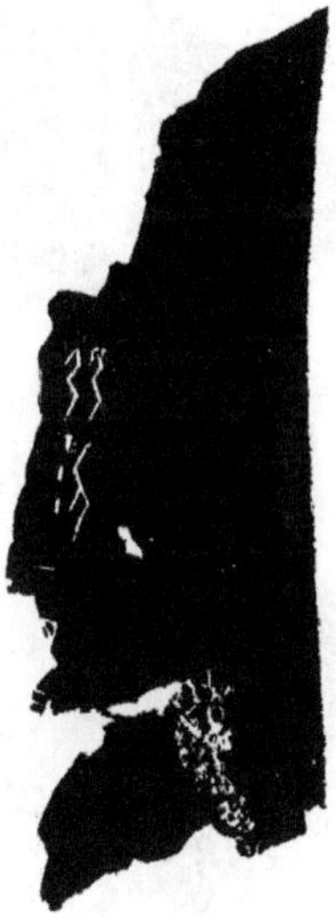

272

273

274

277

275

278

276

279

殷契摭佚續編　三十

280

281

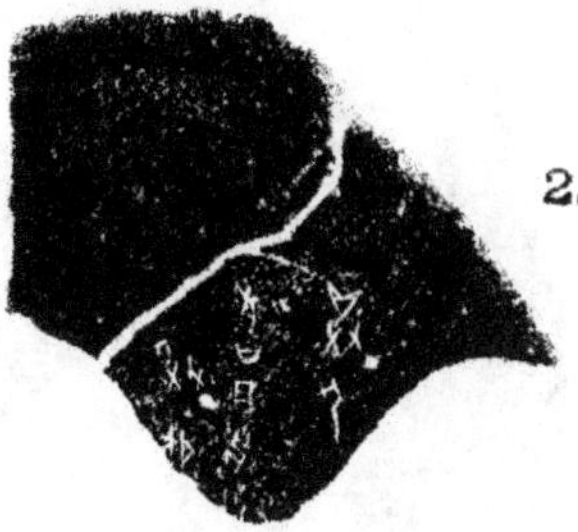

282

283

284

285

286

287

288

289

290

291

292

293

294

295

296

297

殷契摭佚續編 三十一

304

301

298

305

302

299

306

303

300

307

308

309

310

311

312

313

314

315

316

317

318

殷契摭佚續編 三十二

319

320

32I

322

323

324

325

326

327

328

329

330

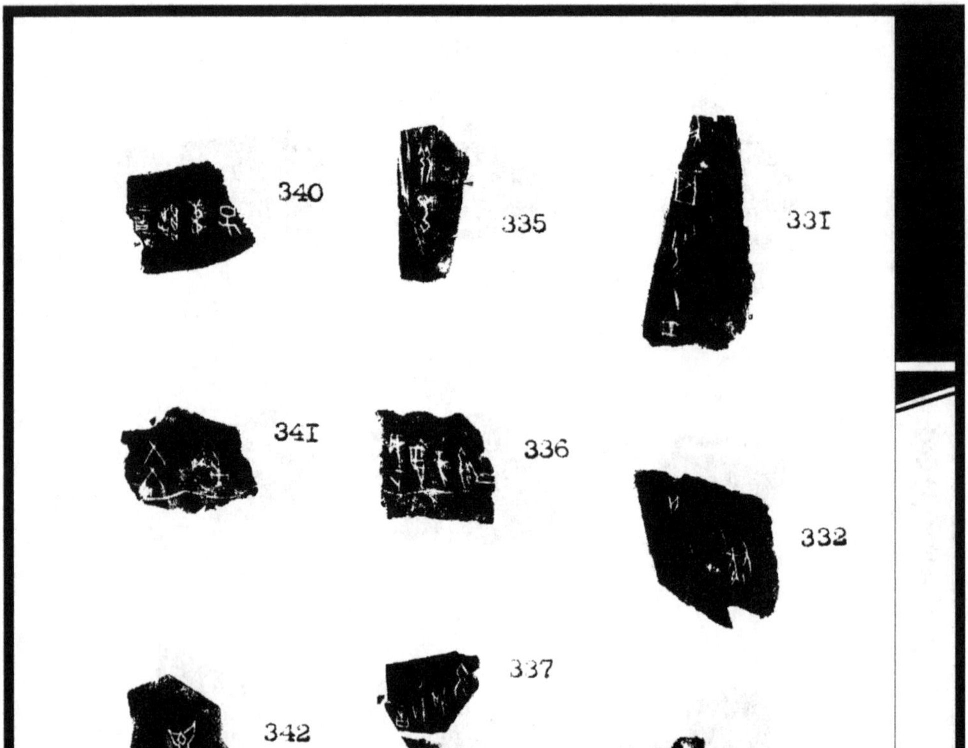
340
335
331
341
336
332
337
342
333
338
343
339
334

344

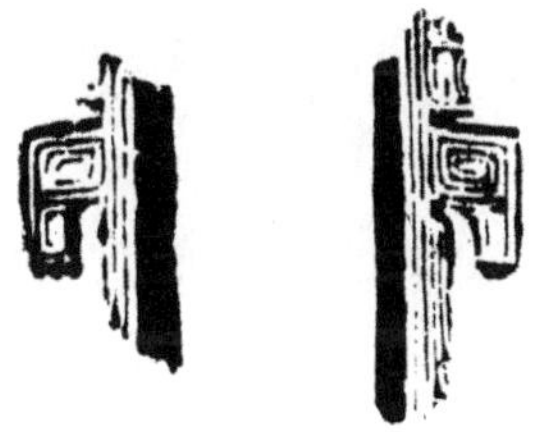

345

346

347

348

349

殷契摭佚續編

江津　李亞農編

第一片

甲　辛亥卜翌日壬王其从在成犬弗每（晦）其若亡𢦏

弘吉在盂

契文鬯字作（前第四卷第五十四葉第四片）與形近海寧王氏因而釋為鬯（戩第二十四葉第四片辭云叀牛双）今細玩卜辭文例王說恐有未諦詩大雅秬鬯一卣傳鬯香草也築煮合而鬱之曰鬯說文云以秬釀鬱艸芬芳攸服以降神也由詩傳與說文所釋之字誼觀之則鬯為煮合香艸而鬱成者宜與秬黍所釀之酒相將古代文獻中不乏秬鬯二字連文之例如書洛誥云秬鬯二卣曰明禋是也今本片言犬鬯而他辭亦言牛鬯豈犬牛之肉亦可以釀酒乎或謂犬鬯二字並無聯繫

應斷句讀犬自為犬卺自為卺各不相涉然卺乃奉宗廟降神靈之物而本片所卜者係田獵之事與祭祀無關何用卺為

乙　不擒　吉

丙　其雨

第二片

甲　丁卯貞□以艿其用自上甲𠘧至於父丁

□是人名字不識

𠘧商承祚氏釋祭非今按字當釋衅說文云衅牲血塗器祭也𠘧象血滴几象器物器上遍塗牲血當是衅字經傳多假釁為之如禮月令孟冬之月命太史釁龜筴雜記成廟則釁之等是也卜辭則用衅為祭名如

闕戊卜貞畢見百牛衅用自二示（前第七卷第三十二葉第四片）

丁未貞桒年自上甲六示牛小示𬇇

丁酉卜闕自上甲𬇇用牛 容庚氏藏

辛巳貞闕自上甲𬇇賁闕 容庚氏藏

癸丑卜貞自上甲𬇇又伐 容庚氏藏

諸辭所用之𬇇皆祭名也

乙 丁卯貞[illegible]以芀于父丁

丙 辛未貞于河桒禾

丁 辛未貞其桒禾于高祖

戊 辛未貞桒禾于岳

己 辛未貞桒禾高祖河于辛巳酒賁

本辭誤刻文字錯亂于字應在高字之上

庚 辛未貞桒禾于河賁三牢沈三牛且俎牢

辛 辛未貞桒禾于高祖賁五十牛

壬

乙亥卜其𥁕蓷秋于□

𥁕字从皿从乎皿中點滴乃表示所盛之水當是乎（呼）之繁文考釁字（即釁字或體）石經周禮作㒸是皿字可省也又監字說文收有古文作𧪞集韻收有古文作𧪞或作𧪞監字本从皿而古文（即六國時文）則从言是从皿之字亦可以从言也以此例之則𥁕字亦可作評（評）矣乎呼評三字通說文云評召也此字舊釋為寧即謂寧風止雨之寧然而从乎从皿之字何以應釋為寧實所不解

蓷秋字在此當讀如書盤庚若農服田力穡乃亦有秋之秋說文云秋禾穀熟也他辭云乎（呼）黍受年（前第三卷第二十九葉第七片）貞乎（呼）黍不其受年（粹第八百九十三片）乎秋乎黍秦（𥞵）禾實異文而同誼皆祈年之辭也

□疑非一字而為□□二字合書甲骨文編收□為兮字不碻

以本片之辭例言之丫字當為先公先王或山川之名如
癸丑貞其鬭禾于丫于岳拾第二葉第九十九片
于南丫後卷下第三葉第三十六片
兩辭可證丫之應為山川之名也

第三片□

甲　鬭卜鬭□羊
乙　鬭卯卜王□于Δ雨
丙　丙戌卜□□
□字習見舊釋烄□字誼未詳
丁　丙戌卜□□
戊　庚戌卜王□□大甲
□與□非一字□為省視之省而□為古直字在此則假為德
字直之可假為德猶陟之可假為德也說詳拙著金文研究釋弗其誼當

與左傳成三年王曰然則德我乎之德相同有感恩之意在本辭則為崇德報功之祭名

乙 庚戌卜王㸚直德祖乙

庚 庚闕賁一闕且祖闕于闕

辛 庚戌卜賁一牛且祖一牢

壬 △罕呼鳳風

呼風喚雨雖為今之成語然呼風二字固早存於殷人口中矣卜辭又有□字从皿从乎省當為□之省文舊釋甹訓息非是

癸酉卜貞罕呼雨闕岳叀闕 前第五卷第十八葉第三片

其罕呼大鳳風 粹第八百二十七片

其罕呼鳳伊 粹第八百三十片

癸酉卜壬罕呼風 後下第四十二葉第四片

辛巳卜貞王其[glyph]小臣𠭘亩亡巛商 前第四卷第二十七葉第三片

[glyph]字應隸定為寧又為甹之繁文甹之作寧猶新之作𣂷求之作寀耳舊釋為寧非寧小臣𠭘不辭甚矣寧小臣𠭘實即呼小臣𠭘也

癸 庚戌卜叀惟王自𡗜𢆶于岳

子 庚戌卜王[glyph]直德大乙

丑 丙辰卜于[glyph]甹呼鳳風

寅 庚戌[glyph]三[glyph]三

此辭倒刻

卯 乙丑卜今日雨

辰 巳闕雨

第四片

甲 闕子 丁丑 戊寅

乙 闕戊 丁亥 戊子

第五片

甲 闕寅 丁卯 戊闕

乙 闕子 丁丑 戊寅闕

丙 闕亥 戊子闕

第六片※

甲 癸卯卜又侑上甲

乙 甲午卜貞彫甲辰正 用

丙 癸卯卜闕芍闕賓 不

丁 不

第七片※

甲 闕貞陟大卸御于高祖王闕

陟爲德之借字與第三片之直字同誼

甲 第八片※

闕 祖乙炇闕

甲 第九片

闕 巳卜祖丁召又夕歲王受又佑 大吉

甲 第十片※

弜可祖丁𢦔

可是可字

弜舊釋弜說文云彊也弓有力也然持此誼以讀卜辭均不可通張宗騫楊樹達兩氏又謂弜弗通用然弜壬弜丙弜九月弜乙卯弜亡雨弜品等辭之弜字即讀為弗亦難索解又如

貞弜叙零第十七片

亥卜御弜大乙宰前第一卷第二十四葉第四片

由下引辭例證之弜弜當為一字甲骨文編收弜為弜字收弜於待問附錄中誤矣又御弜二字當為弜御之倒刻

弜正征前第二卷第三十八葉第一片

弜己祀省戠日前第四卷第四葉第四片

弜改其惟小臣□令王弗若前第四卷第二十葉第二片

弜爯丁即于宗吉前第五卷第二十一葉第五片

貞弜又侑四月前第五卷第四十七葉第六片

弜田□其若前第六卷第四十一葉第七片

貞弜物後上第十九葉第九片

乙未貞大御弜冓翌日其興後上第二十六葉第六片

弜乙卯丐貞其叀牛奠鬲又丐後上第二十七葉第十片

辛王弜省田其若後上第三十葉第六片

乙丑卜王巛征往田其雨後上第三十葉第十六片

巛垟牡後下第五葉第八片

巛雚觀東後下第六葉第六片

巛烄雨後下第二十二葉第十四片

巛眔後下第二十三葉第十六片

巛賓後下第三十葉第十四片

癸酉卜巛𠦪受禾後下第三十三葉第五片

貞巛勿戠第三葉第七片

王氏云巛勿疑亦當釋比物詩小雅日比物四驪詩云比物所謂戎事齊力也此云比物所謂宗廟齊毫也今按王氏所云亦郢書燕說耳

辛卯貞𠦪禾于河巛夒叀丙粹第九片

夒巛即宗粹第九片

其告彡鼀秋上甲其立於（粹第四片）

彡其又祐亳土　彡（粹第二十二片）

甲申貞桒于岳賣　彡雨（粹第二十四片）

癸丑又彡于大乙乎呼射　彡乎射（粹第一百三十片）

乙巳卜彡告　彡又（粹第二百十八片）

彡　告（粹第二百三十二片）

彡至祖乙（粹第二百四十一片）

彡册（粹第二百六十五片）

乙卯卜彡弄丁卯酒品（粹第四百三十二片）

癸丑卜彡賣𥝌丝用（粹第四百三十三片）

戊寅卜彡酒（粹第四百四十七片）

彡戠月其彭匕牛（粹第四百六十片）

彡用一牛桒（粹第四百八十二片）

貞弜御 粹第四百八十四片

庚辰貞其奏丁示于 弜奏 粹第五百三十片

庚鬬壴其眔熹鬬⿰阝尊 弜⿰阝尊 粹第五百三十九片

弜卿饗宧⿱將鼎⿰阝尊勹 粹第五百四十一片

弜祭于之若又征 粹第五百四十二片

貞弜勿牛 粹第五百五十四片

弜又芍 粹第五百五十五片

庚寅卜王弜入戠 不易日 粹第六百二十六片

弜⿰丬叟 粹第六百二十六片

弜田 粹第七百十二片

弜⿰酉彡小兄 祝 粹第七百五十六片

戊申 弓舞 粹第七百七十一片

貞弜爰其冓大雨 粹第七百九十三片

彡彡㞢霝雩亡大雨　粹第八百四十六片

乙亥卜　彡受黍　粹第八百九十片

彡彡宿　粹第九百七十片

彡彡壬田其若　粹第九百八十二片

彡彡洛格之若　其洛又正　　彡彡洛　粹第一千零六十三片

叀小臣牆令㞢从王受又　　彡彡令　粹第一千一百六十一片

乙巳卜貞　彡罘雀伐芍　　田　粹第一千一百六十七片

庚鬩叀鬩自正征尸方　王　　彡正令　粹第一千一百八十六片

叀小臣妥⿰王丮不匕自魚　　彡彡从其　粹第一千二百七十五片

彡彡㞢凡　其執　卿王史㞢歸克彡彡執　　于　　其㞢作

⿰亻垔塞　　彡彡作　通新第十七片

彡又　彡彡征　本編第六十九片

彡彡射　本編第七十五片

弜用本編第九十三片

弜御吉秎本編第一百三十七片

卜辭中用弜字之處甚多無慮數百然其文例殆無有出於上引諸辭之外者故不憚繁冗臚舉數十條於此以證釋弜釋比之非是

今按弜字之所以難釋者蓋因其初形早已亡於西周之際而其訛體之誼又不能用於卜辭之上遂使治古文字學者為之束手吾人如欲考釋此字當先求其字誼苟得其誼則其聲可知矣為探索字誼之便利計吾人可於上引卜辭中選出若干有助於研究之辭例列一對照表如左

其乍作僼塞	弜乍作
其執	弜執
其物牛粹第三百零一片	弜物牛

其奏丁示于闕　弜奏
其又歲于虎通第三百四十八片　弜又兮
王其田習見　弜田
其彡賁𤼲不粹第六片　弜彡
王其冊岳粹第二十七片　弜冊
其⿰彳各　弜⿰彳各
其⿰彳止雨前第二卷第九葉第三片　弜⿰彳止
王其省田卜第八十一片　弜省田
我弗其受黍年粹第八百九十一片　乃受黍年
其㞢呼从行粹第五百十二片　弜㞢射
其⿱艹肯習見　弜⿱艹肯
王其从習見　弜从
由此表觀之凡可用其字之處均可以弜字代之是二字同

誼也葉玉森氏以其弜為對文謂其為未決之詞而弜則為已決之詞試閱下表即知其不然矣

丝用見習	弜用
丝御見習	弜御
丝舞粹第八百十三片	弜舞
丝亡雨粹第六百八十片	弜亡雨

丝非未決之詞則弜之非已決之詞可知矣此表所昭示者則為丝弜同誼

今日辛王其田粹第九百八十八片	弜壬即壬日之意田其若
今日壬不攺粹第六百四十二片	巛丙闕叀秝宗戩第三十七葉第九片
之日允雨前第七卷第三十六葉第二片	弜九月
之一月其雨前第三卷第十九葉第三片	弜乙卯芍貞其叀牛奠鬲又芍
丝旬其妣戊前第一卷第三十七葉第六片	

𢆶月亡畎通第七百五十五片

及𢆶二月㞢有大雨前第三卷第十九葉第二片

今日辛今日壬之今通是高郵王氏曰今指事之詞也國語晉語今君之所聞也猶言是君之所聞也宣十五年公羊傳是何子之情也韓詩外傳是作今經傳釋詞卷五今是相通則今日辛今日壬猶言是日辛是日壬也日旬月等紀時名詞之上所冠者為是之𢆶等字而壬日即壬丙日即丙等字之上所冠者為弜字則弜與是之𢆶等字同誼明矣

遍索諸家著錄甲骨辭例弜之涵誼不外上述三種其不屬於此範疇者則為人名

丙戌卜貞弜自師在[illegible]不水前第二卷第四葉第三片

殷器戊辰彝中亦有人名曰弜師當是一人銘云

弜師錫肆𢀛廿田

下舉數辭中之弜字亦為人名

庚戌卜王貞弜其獲舁戓東一月前第六卷第二十六葉第一片

乙巳卜貞弜眔及雀伐芍

弜眔以前辭例之眔字下有省文

弜字之用途雖不外乎上述四種然使用之範圍則極廣汎其為古代常用語殆無疑議使用範圍既廣則於短時期內決不至於廢絶古代文獻中必存此字是亦可推而斷也

弜字可代其字用而其為虛詞則弜亦必為虛詞無疑高郵王氏撰經傳釋詞十卷所收之字凡一百六十古籍中之虛詞略盡於此而此百六十字之中以一字而能兼賅其之丝是諸詮者僅一斯字而已則弜之應釋為斯其理甚明無庸多辯

由音韻方面言之之丝斯三字乃同一系統之音當從同一

語源演化而來故古代文獻中往往互用而其字亦可與之茲斯三字通

詩采芑曰朱芾斯皇斯干曰如跂斯翼如矢斯棘如鳥斯革如翬斯飛皇矣曰王赫斯怒烈祖曰有秩斯祜斯字並與其同誼故他詩曰擊鼓其鏜雨雪其雱零雨其濛灼灼其華殷其靁其猶斯也

茲猶斯也書酒誥曰朝夕曰祀茲酒言朝夕戒之曰惟祭祀斯用酒也左昭二十六年傳曰若可師有濟也君而繼之茲無敵矣茲字亦與斯同誼

呂氏春秋音初篇注曰之其也書西伯戡黎曰殷之即喪言殷其即喪也禮記檀弓曰有臣柳莊也者非寡人之臣社稷之臣也聞之死請往言聞其死也莊子至樂篇壽者惛惛久憂不死何之苦也言何其苦也又孟子公孫丑篇天下之民

皆悦而願為之𡰣矣周禮載師注引作皆悦而願為其𡰣矣之是也故爾雅曰之子者是子也是此也茲此也斯此也故卜辭之丝月丝旬之日即此月此旬此日也斯壬斯丙猶言此壬日此丙日也斯品猶言此品（品猶種類之意也）茲猶斯也斯猶其也故丝亡雨斯亡雨均與其亡雨同誼斯田猶言其田也斯酌猶言其酌也

考[字形]字異體頗多或作[字形]或反書作[字形]其中作[字形]（藏第二葉 拾第六片）形者直與比次之比無別契文比从一字作[字形]（藏第二百四十五葉第一片）或[字形]（拾第七葉第十六片）無怪乎王氏竟誤釋為比矣至金文時代因[字形]斯[字形]比二字形近易混難於識別乃將[字形]字之左傍改从之其所以改从之者以之[字形]音誼俱近故也契文之作㞢金文作㞢居簋之[字形]字所从者正為之字又以㞢之[字形]止形近之故小篆遂譌變而為止於是乎形成吾人

習用之此字

此字所从之止乃㞢之𧦝誤而前人不察強為之解說文云此止也从止匕匕相比次也此字何以从止許氏無說段氏以意度之曰釋詁曰已此也正互相發明於物為止之處於文為止之詞然从止何以即是止於之處之詞而非止於彼處彼詞耶吾人實大惑不解段氏又釋匕相比次也句謂此釋从匕之故相比次而止也然此字从止从匕兩形不相類何得謂之為相比次耶段注之為臆說明甚惟許氏之言則非完全出於無稽蓋亦有所師承倘吾人持許說以向契文𠃌𠃌字即可恍然大悟所謂相比次者乃就原形而言指其兩傍相比次也

𠃌𠃌為兩物相比次之形今人多誤釋為弜惟釋𠃌𠃌為弜不自今人始古人已然如鬻鬻鬻鬻鬻等字所从之弜皆為𠃌𠃌

之形誤蓋弜所肖者實為水蒸氣而非弓也（馬叙倫氏說見學林第六輯中國文字之原流與研究方法之新傾向）故葉玉森氏釋為氣（拾第四葉第三片）錐
未中的亦不為無見
弜字不僅象形抑且象聲故聲破為嘶（前漢王莽傳師古注）散聲為㵒（說文）二字之所以从斯者即以其近於沸水之聲故也
弜字既譌變而為此而此字之用途漸被局限於定冠詞與代名詞不能復代表作為其字用之弜字而其發音亦變而為雌氏切與相支切之弜字略有不同弜字遂音存而形亡古人於是乃不得不假他字代之古籍中習見之時是斯三字即弜之借字也如
書堯典曰黎民於變時雍
詩我將曰于時保之
國語周語曰肆於時夏

時雍之時舊訓是是亦斯也時雍猶言斯雍也于時即于斯也時夏即斯夏猶言此夏也

詩氓曰反是不思亦已焉哉

大戴禮文王官人篇曰平人而有慮者使是治國家而長百姓

反是不思言反之不思也使是治國家言使其治國家也

總之時是斯三字均有之玆此其等誼惟在古籍中用時是為其字誼之文例罕見而斯字則俯拾即是故吾人得以斯字為弜字之正釋高郵王氏不知時是同為弜之借字故仍依舊説訓時雍為是雍而不悟其為斯雍釋使是治國家為使之治國家而不識使是亦使其也

本片之辭曰弜可祖丁㠯即斯可㠯祖丁之意此辭之斯可與論語之再斯可矣之斯可同一語例㠯為祭名字不識誼

未詳

第十一片

甲 王賓闕亡尤

第十二片

甲 壬戌闕王賓闕

第十三片

甲 闕卜㱿闕□貞

□羅振玉氏釋謝郭沫若氏釋汎葉玉森氏釋爰唐蘭氏並非
之而自釋為尋其言曰余謂□若□實尋之古文由字形言
八尺曰尋大戴王言云舒肘知尋小爾雅云尋舒兩肱也按
度廣曰尋古尺短伸兩臂為度約得八尺卜辭偏傍之□正
象伸兩臂之形其作丨者杖形説文丈作支從十十在古文
當為丨以手持杖是為丈卜辭□則伸兩臂與杖齊長可證

其當為尋丈之尋也（天第四十二片）今按大戴謂舒肘知尋僅言舒肘即可知尋並未言尚須持杖也蓋尋之標準為舒伸之兩手而非手中所持之杖且杖乃可短可長之物何可用為標準乎又小篆丈作□說文云十尺也从又持十是丈字所从之十謂十尺也非肖杖也吾人縱假定以手持杖即為丈則□字亦應釋丈而未見其可以釋為尋也今強以十字作杖實難免向壁虛構之嫌唐氏素惡葉玉森氏之考釋契文有類於射覆探鉤今於此字奈何尤而效之

□乃□之或體字又作□（本編第二百七十片）从兩又持丨考契文受字作□亦从兩又上體之又今變从爫是□字之又亦可變从爫也丨所象者當為竹竿之形而竿與干通後漢書董卓傳僭擬車服時人號竿摩車註竿摩猶干劘也故丨可定為干今□字从爫从又持干非叜字而何葉玉森氏云□象兩

手攣物形疑與ㄐㄐ為一字爰舟乃引舟之誼殷契鉤沈

乙亥卜行貞王其□舟于河亡巛前第二卷第二十六葉第二片

闕丑卜行貞王其□舟于滴亡巛後上第十五葉第八片

辛未卜穷貞王□不亡巛大龜第一版第五辭

闕貞斯□其𦔳大雨粹第七百九十三片

上引四辭之爰字當如葉氏所云訓引至於王爰斯爰即王爰舟斯爰舟之省文也

于汏□桒戩第十葉第四片

貞沚或□爯册土方受祐前第五卷第二十三葉第二片

庚午貞□桒禾于河本編第一百十片

此三爰字當讀如爰得我所詩碩鼠爰伐琴瑟詩定之方中之爰

癸未卜方从□戩第三十八葉第一片

乙巳闕𣪊貞𢀛方□前第五卷第二十三葉第四片

貞乎呼□ 本編第二百七十片

乎呼爰與乎伐 貞乎伐𢀛方前第三卷第二十九葉第七片 為對文是爰字有救援之意爰為初文援字後起□字本有救援之意象無需更从手也

己巳卜其□禾又大雨 粹第七百十三片

增韻云援拔也爰禾殆即拔禾之意

貞于□ 前第五卷第二十三葉第一片

貞于□萛 前第五卷第二十三葉第二片

右二爰字當為人名

至於本辭之爰賁當與上引爰桒諸辭同例

第十四片 □

甲

賁于岳

第十五片 □

甲 丙申卜王㞢侑祖丁 二告

第十六片※

甲 取□卸闕

第十七片※

甲 貞其闕示

第十八片

甲 闕貞闕喙甲闕亡尤

第十九片※

甲 在丝賁岳卸御史事雨

乙 殘文庚 其

第二十片※

甲 闕 㓉貞陟大御于高

乙 殘文 □□

第二十一片

甲 貞王賓叙亡闕

第二十二片

甲 于兕父賁雨

乙 闕戊卜闕賁于闕令雨

丙 殘文 己亥

第二十三片※

甲 闕𠂤師般闕

第二十四片※

甲 闕卯貞高祖

乙 卯于上甲又兮

第二十五片

甲 庚辰闕王賓闕奭闕

第二十六片

甲　甲午卜闕賓歲闕

第二十七片

甲　闕貞王闕祖乙□闕尤

□或从兩又作□即說文所收之𥜽字為謝神之祭字从臼可隸化為祟余曾謂此為繁文其兩又乃可省去者詳拙著金文研究釋𥜽後于天壤閣甲骨文存及鐵雲藏龜零拾中果覓獲不从臼之字作□天第八十二片□零第二十三片

第二十八片

甲　三[酉彡]

第二十九片※

甲　甲子卜其又歲于闕兹用

乙　殘文祖乙

殷契摭佚續編　四十九

第三十片※

甲 闕祖乙乎呼闕龍闕茲闕

第三十一片※

甲 叀𢦔 彭

第三十二片※

甲 闕卜其召于妣庚王受又有又祐

第三十三片※

甲 闕貞乙酉又闕𠂇王叀惟十羊

𠂇當即卯字之殘文下片有卯字

第三十四片※

甲 望乘以苟狗闕自上甲

乙 癸未卜即宗

丙 殘文卜卯

第三十五片※

甲　閼名又　馭閼

第三十六片※

甲　乙未卜其鳳風其桑龍陟于祖閼

龍假為寵陟假為德祭名

乙　乙未卜其桑龍于父甲洒

丙　閼卜其閼于閼一牛閼用

第三十七片※

甲　于夒高祖奉

乙　斯用

第三十八片※

甲　閼沈閼賁閼牛三十

第三十九片※

甲　闕卜貫闕其又俎

乙　殘文　丁

第四十片※

甲　于黄尹

黄羅振玉氏釋寅非郭沫若氏云黄碻非寅字金文黄字有作黄師艅毁若黄趞曹鼎者乃古佩玉之象形此黄字亦即黄字字乃假為衡黄尹即阿衡伊尹也通第二百三十六片　今按郭說是也

第四十一片

甲　丁未闕貞闕芍甲闕

乙　闕貞其泫闕賓闕多凡

第四十二片※

甲　闕又彳歲大乙叀惟乙丑闕

第四十三片※

甲 貞王告△

第四十四片※

甲 匚報于

第四十五片

甲 己丑卜貞王賓祖己 祖亡尤

第四十六片

甲 壬闕叀闕酒闕

乙 闕貞賁闕燮

第四十七片※

甲 丙午闕貞翌闕又于祖丁

乙 闕貞麑闕小丁又十月

第四十八片

甲 闕貞王賓祖丁

第四十九片※

甲 闕宗闕母闕祏

第五十片

甲 己卯闕即賁闕貞闕

乙 闕卜闕貞王闕馬[illegible]

第五十一片

甲 闕卜尹闕王賓福闕田

第五十二片※

甲 丁酉闕奠于祖闕

第五十三片※

甲 貞卜闕叀闕賁闕

第五十四片

甲 貞翌闕酌盎闕于多闕

第五十五片

甲

貞王賓叙亡尤

第五十六片 ※

甲

闕茲壬子

第五十七片

甲

丁未卜闕□闕妣辛

□郭沫若氏釋宰葉玉森氏釋冠未知孰是

第五十八片

甲

闕牛闕三南

郭沫若氏謂南即以雅以南（小雅）之南當讀為鈴（甲骨文字研究釋南）

第五十九片

甲

甲申闕企□闕乎呼□闕一

□郭沫若氏云□字羅王誤釋為求孫詒讓釋希得之而未能

通其讀（原注契上廿六）余謂乃假為祟尚書竄三苗說文𥦘字下引作𥦘三苗左傳昭元年周公殺管叔而蔡蔡叔釋文上蔡字說文作𥻨今說文雖無殺字而殺之古文作𣏂與𢀓之古文作𣏂者其實一字而近出魏石經春秋蔡人字古作𣏂蓋蔡殺竄𥦘古音相近互相通假而同以𢀓作之𥦘从祟聲是知卜辭之𡳿𢀓又假為祟矣（通第四百二十六片）郭說至精可謂不刊之論吾人以郭說為基礎對於殺字可作更進一步之研究

說文云殺戮也从殳杀聲段注云鉉等曰說文無杀字相傳音察按張參曰杀古殺字說文又收有古文殺字作𣏂段注云按此蓋即杀字轉寫譌變耳加殳為小篆之殺

今按段說甚是說文不收杀字可見本無此字且杀从㐅从木亦不成其為字也（錢大昕氏亦謂杀不成字見說文答問）是杀為𣏂之譌變

斷無懷疑之餘地吾人雖未能於古籍中發現从殳从杀之殺然古文之亡佚於轉寫譌誤之間者多矣何足異乎且殺字倘不从殳从杀則吾人亦無從理解杀字何以有殺誼也」欲知杀之何以有殺誼則須先知杀之為何物考說文㣇字有古文作杀與杀字略同蓋一字而稍異其形者也說文云㣇脩毫獸一曰河內名豕也从彑下象毛足讀若弟（段注羊至切）杀既為豕則殺字所表現者實殳加於豕之意象蓋牧畜時代之人民習於以殳殺豕乃創此从殳从㣇之殺字以其最能表現殺之意象故也至於牧畜時代以前之人民則不以殳與㣇構成殺之意象而以殳與它兩要素構成之

考契文無从殳从杀之殺而有从殳从它之⿰也攵字（即⿰它攵）⿰也攵即施之本字其後施行而⿰也攵廢

⿰也攵之契文作[illegible]卜辭云其⿰也攵牛（菁第九葉第二片）⿰也攵一牛（後上第十八葉第二

四片攺牛後下第二十三葉第五片皆有殺誼般人之所以用殳它二要素以表示殺之意象者蓋其時人民穴居患蛇以祛除蛇類為急務持殳殺蛇為最習見之事實而一般人莫不共具此意象於是創此从□从□之攺字說詳攗第六十一片攺殺二字聲既相近誼亦相同其出於同一語源殆無疑議其所以一語而異字者蓋以時代變遷後之從事於牧畜生活者已不能理解穴居人民所創之攺字何以有殺戮之意而另造一殺字以代之耳

無論从殳从也之攺或从殳从㣇之殺均須有所以殺之之工具與夫被殺之事物始能顯示殺戮之意今古文僅以被殺之𣏂為殺字何也

章太炎氏云㣇蓋與豸同物豸㣇古音並如弟釋獸又嫥以㣇為貍子貍本善殺故貍亦訓殺文始四第七葉章氏之意以為𣏂

之所以被用為殺字者以其為善殺之貍故也然善殺之動物多矣獅善殺虎亦善殺何不訓獅訓虎為殺而獨以杀當殺字耶章説殊難成立余以為杀乃殺之媘古人寫字欲其簡便常有合書二字為一字者或以較簡單之符號代表其一部份者（如奔者本應从三止作□作□金文多簡書作□）又有逕媘其一部份者此皆為習見之現象杀字不過其一例耳其所以媘殳而存杀者猶今人之媘雖為虽去隹而存虽也緣从隹之字過多若去虽而存隹將不知其所代表者為何字矣（其實虽即虫字从虫之字亦甚多然因字體已譌誤為虽乃變為罕見之構造今人遂利用之以為雖之簡筆字）殺字亦然若去杀存殳則易與其他从殳之字混而从杀之字甚少故去殳而存杀也

杀之古音本讀如弟以其為殺之簡筆字故又讀為殺是亦猶虽之讀為雖也殺蔡音近遂有借杀為蔡人之蔡者魏石

殷契摭佚續編　五十四

經杀字是其例也

希蔡音近石經遂借希為蔡惟反其道而行之者亦有之禮記月令孟春之月魚上冰獺祭魚注此時魚肥美獺將食之先以祭也孟秋之月鷹乃祭鳥用始行戮注鷹祭鳥者將食之示有先之既祭之後不必盡食若人君之行刑戮之而已季秋之月豺乃祭獸戮禽注戮猶殺也疏禽獸皆殺之但殺獸而又陳戮禽則殺之而已不以為祭故直云戮禽亦互文也今按所謂祭魚者實殺魚也蓋祭為殺之借字而漢人不知此誼故鄭氏直以為祭祀之祭矣較鄭氏進步者則有高誘氏之說

吕氏春秋孟春之月獺祭魚高注獺獱水禽也取鯉魚置水邊陳之世謂之祭魚孟秋之月鷹乃祭鳥始用行戮注是月鷹摯殺鳥於大澤之中四面陳之世謂之祭鳥季秋之月豺

乃祭獸戮禽注於是月殺獸四圍陳之世所謂祭獸由上引諸注觀之高氏雖知祭字之非祭祀之祭然猶未知祭之為殺也蓋蔡字以祭為聲蔡杀既互相通則祭亦可通殺矣殺字一則以音近之故變而為蔡又由蔡變而為祭一則以構成要素之改變以及譌誤又變而為肆亦書作肆為肆肆字小篆作肆說文云肆極陳也从長隶聲肆字何以須从長从隶不但許氏無說即專為許氏補苴闕漏之段氏亦未一言及之今按镸實希之訛變何以言之試觀與肆混用之肄古文作隸即可以瞭然矣肄字之所以與肆字混用實因其為一字矣特镸之誤耳矣之古文作希則镸之古文亦當作希肆字从長即从希从聿希為豕而聿之契文作聿實象以手持木棒之形契文聿字或作[illegible]蓋象前端有三叉之武器以其類似於筆故又為筆之別名說文云聿所以書也楚謂之聿吳謂之不律燕謂之弗木棒加於希所表示者仍為殺戮之意象故肆字實為殺字之或作

殺从殳而肆从聿其所以或从殳或从聿殆由於造字之地域不同南方多竹而北方則鈌乏此類植物處於殷之北部者習於以木製之武器擊豕故其所創之字从聿而處於殷之南部者則習於以竹製之武器擊豕故所創之字从殳余說雖無明證然衡情度理蓋不得不如是也

再就字誼之發展言之殺肆亦應為一字今將敓—施殺—肆之引申誼列一比較表如下

甲

一、敓在卜辭中用為殺誼

二、施施即敓之借字施行而敓廢國語晉語秦人殺冀芮而施之注施陳其尸也

三、施於中逵施當作敓說文云敷也詩兔罝

四、施于孫子箋施猶易也延也詩大文皇

乙

一、殺

二、肆說文云極陳也段注云陳當作敶陳列也極陳者窮極而列之也今按段說非是極與殛通書洪範鯀則殛死

釋文亟本作極左僖二十二年明神亟之釋文亟本作極故許氏所謂極即殺而陳其尸之誼論語憲問皇疏亦云肆殺而陳尸也

三、肆筵設席注肆者陳設之意詩大雅

四、肆左僖三十年又欲肆其西封注肆伸也博雅云肆伸也

由殺而陳尸由陳尸而陳設由陳設而延長伸長此即敀殺二字所共同之引伸誼也其引伸之階段完全契合是亦足以證敀殺二字之為古今字矣

殺變而為肆肆又譌變而為肄肄之小篆作𨽸說文又收有古文作𨽸𨽸為肄之本字肄為𨽸之譌誤前文已言之吳大澂說文古籀補云毛公鼎肄皇天無斁肄讀如肆皇天弗尚之肆其實肄亦即肄字肆一字豈但可讀如而已哉海寧王氏史籀篇疏謂假肄為隸即肆字亦未為得之蓋肄為隸之形誤而非假借也

肆為肆之譌變故其字誼亦由肆字引申而來肆字之誼為伸長故木之嫩條廣韻曰肆詩周南伐其條肆傳肆餘也斬而復生曰肆

斬而復生之嫩條曰肆故亦得引申為後裔之意左襄二十九年晉國不恤宗周之闕而夏肆是屏注夏肆杞也肆餘也即斬而復生之餘也

夏肆即夏裔肆為本字裔為借字離騷帝高陽之苗裔兮朕皇考曰伯庸上既言苗則下當言肆其作裔者乃戰國時人借字為之耳按裔乃邊裔之裔而非苗肆之肆孰知久假不歸兩千年來竟無人知裔之應作肆矣

杀本殺之偏傍其後省殳存杀亦作殺之簡筆字用杀既可用為殺則𢇍亦殺也希之可作𢇍亦猶屮之可作艸虫之可作蚰也章太炎氏云希古作杀亦變易為𢇍𢇍屬从二希古

文又作𢑚[文始四第七葉]殺可變而為肆為肆則𢑚亦可變而為肆為肄矣說文引虞書𢑚類於上帝伏生尚書及孔安國以今文讀之為肆古文尚書皆作肆是其證矣

又大豐𣪘銘云不丕顯王作相不丕豩王作庚唐不丕克三衣殷王祀前人不識豩字吳式芬氏釋豫[攈古錄金文大豐敦]徐同柏氏釋𩝐[從古堂款識學祀刊敦]吳大澂氏釋承[愙齋積古錄聃敦]並非于省吾氏隸定為𢑚[雙上之三第一葉]近是郭沫若氏釋𢑚是矣而未能通其讀其實𢑚王即肆王亦即嗣王也銘文之意蓋謂顯赫之文王既取法也[作字郭讀為克念作聖罔念作狂之作作即則惟則字在本銘為實字而非虛字應解作取法之意]於相[相土亦稱相詩生民有相之道又御覽引世本云相徙商邱本顓頊之虛丁山氏亦謂相即相土也見歷史言語研究所集刊第五本第一分冊由三代都邑論其民族文化]而嗣王[即武王]又取法於湯故能大殷之王祀而三倍之此則𢑚字可變為肆之證也

肆為殺之變體已如上述此外尚有二字亦為殺之異形其

一為剎今人用為僧寺之剎非其朔誼古無杀字則剎字所从之杀必自殺字出而从刀與从殳同意則剎為殺之後起別體殆無疑議其二為弒弒字之構造完全不通殆為孔子正名主義之產物殺己之父與殺人之父殺己之君與殺人之君在古不應有別而儒家必欲正其名稱殺己父與殺己君者為弒而強造一从杀从式之字顧經傳仍多以殺為弒足證秦漢之際弒字之使用尚未普遍化也

第六十片※

甲　祖丁ᚼ卺二卣

乙　斯闕

第六十一片※

甲　己酉

乙　習二卜

丙

闕用卜

郭沫若氏云習一卜習二卜不識何誼書金縢乃卜三龜一習吉史記魯世家作乃即三王而卜卜人皆曰吉疑古人以三龜為一習每卜用三龜原注洪範言三人占亦一證據一卜不吉則再用三龜其用骨者當亦然言習一卜習二卜者疑前後共卜六骨也通何十二片今按郭氏以習為名詞恐有未諦書大禹謨卜不習吉金縢一習吉傳並註因也因一卜因二卜殆即依據第一卜或第二卜以行事之意

第六十二片※

甲

闕多方闕二百人王闕

第六十三片※

甲

甲辰二旬十旬

乙

丙寅卜十二旬一自五闕

㠯字屢見未能辨認

第六十四片※

甲　癸卯貞闕

乙　甲辰貞其大邻御王自上甲□用□馬九闕

□當是白字

九下有殘畫作二以丁辭之四示例之當是二示之殘文

丙　丁未貞其大邻王自上甲□用白馬九四示𤘘牛在父丁宗卜

□□一字當是盥盟字亦作□他辭云甲辰貞其大邻王自上甲□用白牡也（牡犬郭釋下非𤘘粹第七　九下應釋二示卟十九片）此言白牡犬則本片之白馬自是白牡馬蓋馬字腹下亦有一筆如生殖器之下垂也

丁　丁未貞叀今夕彭邻在父丁宗卜

戊　癸丑其大邾叀甲子彭
己　殘文申　邾
第六十五片
甲　庚闕貞闕辛闕
乙　庚申卜王貞翌辛酉其⿰阝皆卿饗
⿰阝皆字所从之阝當與⿰阝尊⿰阝叟所从之阝同其性質為附益部份又
陟字古文作⿰亻复玉篇是阝亻可通故⿰阝具當為具或俱字⿰阝具卿謂
俱饗也
丙　庚申卜王貞翌辛酉十人其⿰阝具
其⿰阝具即其俱饗之省
丁　庚申卜王貞其五人
戊　庚申卜王貞其⿰阝具
第六十六片※

甲　丁酉卜其五牛

第六十七片※

甲　三牛　大吉

第六十八片※

甲　闌叀華　吉

第六十九片※

甲　斯征

乙　斯又

丙　甲午卜其又歲于后祖七牢

丁　三牢

當是三牢二字合書非二牢也

戊　殘文牛

牛字傍有數畫是蝕紋非字也

第七十片※

甲　庚午卜其又歲于妣辛牢

乙　父甲歲叀翌日辛彰

丙　殘文　牢　妣　歲

第七十一片※

甲　丙申卜貞又告于上甲三牛

第七十二片

甲　毋

字从它从殳象以殳擊蛇即說文所收𢼸字或作㪅其誼為殺說詳摭第六十一片

第七十三片※

甲　戊子卜其歲于中己叀牛

乙　殘文　絲　斯

殷契摭佚續編　六十

第七十四片※

甲　兄（祝）上甲闕羊

乙　闕物牛

丙　射

丁　斯射

第七十五片※

甲　闕于上甲賁三𡧍卯三闕

第七十六片※

甲　丁丑卜㞢侑于父乙一牛

第七十七片※

甲　乙未卜又侑毋辛以闕十犬十丝用

乙　弘吉翌夕

丙　殘文

第七十八片※

甲　甲午貞𢦔自犬

自上一字不晰未能辨認

乙　叀小牢

丙　其不若

第七十九片※

甲　闕祖乙牢闕

第八十片※

甲　叀物牛王受闕　吉

第八十一片※

甲　乙丑卜又𢦔歲于祖乙五牢

乙　闕丑卜闕𢦔歲闕

丙　殘文不　甲

殷契摭佚續編　六十一

第八十二片※

甲　壬寅卜[illegible]爰又侑祖辛伐一卯一宰

爰當讀如爰得我所之爰

第八十三片

甲　甲寅子卜其至闕宰令妣己用狂壯犬也

第八十四片※

甲　癸卯貞王又彳歲于父丁三宰

乙　其五宰

第八十五片※

甲　三宰丝用

乙　甲戌闕

丙　闕夶酌

第八十六片※

甲 丁卯闕祖闕

乙 丁丑貞闕矢丁闕八闕牛

第八十七片※

甲 闕亥貞丁卯王又百鬯百羌百牛

第八十八片※

甲 四闕 五牛 六牛

乙 叀十牛[illegible]用王受又祐

第八十九片※

甲 叀犬 以[illegible]

第九十片※

甲 五牢三牢一牢茲闕

第九十一片※

甲 壬闕其闕小采闕

乙　壬辰卜邾御于王

丙　癸巳卜其帝禘于□

丁　癸巳卜邾于土

戊　癸巳卜又于亞□□一□三牛

己　闕巳卜闕父丁闕卅

□此字與□帝字小異與□不字亦略有不同然仍應為鄂不之不在此用為禘

□唐蘭氏釋巫天第五十二片以為即巫咸非巫咸為殷臣豈有禘巫咸之理哉

□字不識

□考契文□史或作□□从中从又今此字以兩手持中當仍是史字蓋从一又與从兩又同意例如从兩又之□㮚字亦有从一又作□前第六卷第十八葉第六片者史使通

第九十二片□

甲　闢三牢于岳

第九十三片※

甲　癸未卜其用甲□

乙　斯用

第九十四片

甲　貞叀牢又丁

第九十五片※

甲　乙闢貞闢□闢

乙　丙申卜沈二牢賁一牢

丙　己亥卜王□擒

第九十六片※

甲　物叀

第九十七片※

甲　乙丑卜王闕叀華⿰𠂆𠃊闕南庚　十二月

乙　闕丑卜王闕南闕

第九十八片※

甲　卯一牛

第九十九片

甲　貞闕祏闕⿰豕土闕

⿰豕土字唐蘭氏釋豕謂即豭字

第一百片

甲　⿰牛戠叀闕

第一百零一片

甲　闕辰卜⿱宀正于河闕牢沈五闕俎　闕月闕辛

第一百零二片

甲　闕卜貞闕武丁闕其牢

乙　殘文癸

第一百零三片

甲　貞　叀癸未　阱

第一百零四片※

甲　闕王征闕大丁闕亥闕六牛

第一百零五片

甲　壬闕龏闕母癸闕

乙　殘文龏忌丁

第一百零六片※

甲　斯黍

乙　己卯貞在囧𠂤來告王

由下列諸辭例觀之本辭末尾之王字應與甲辭之斯黍連讀

丙　王斯黍

丁　甲辰貞在囧吊來告[illegible]

戊　王斯黍

己　王其黍

斯黍其黍同意其所以或用斯或用其者互文耳

[illegible]疑是蕘字从𠂆古人尸夷三字形近詩靜女自牧歸蕘注云蕘茅之始生也茅之始生潔白異於衆草故可以供祭祀

第一百零七片

甲　丙午卜闕來年于闕

第一百零八片

甲　闕貞闕[illegible]受年

[illegible]羅振玉氏釋羊非由此字在卜辭文例中之位置言之當為規定動詞之副詞郭沫若氏釋瞿讀為遽近是

第一百零九片※

甲　甲子貞𠦪禾于高祖

乙　丙辰卜丁巳又歲于大丁不雨

丙　其雨　兹雨

第一百十片※

甲　庚午貞[illegible]爰𠦪禾于河

爰字當讀如爰得我所之爰

第一百十一片※

甲　己巳貞受禾于父丁卯芍又鬭牢

本辭文字淩亂原作己巳卯芍貞受父丁又鬭禾于牢

第一百十二片※

甲　勿奠

乙　受年

第一百十三片※

甲　辛卯卜又匕妣壬癸小牢

妣下疑奪一字

乙　甲戌貞彭𠦪禾

丙　殘文六

第一百十四片※

甲　闕王受又祐年

第一百十五片※

甲　闕又闕闕𠦪年

第一百十六片※

甲　貞于兕𠦪年

第一百十七片

甲　闕貞闕矢步闕彘

第一百十八片※

甲　辛亥卜翌日壬王其田𩰫弗若　亡戋

第一百十九片※

甲　壬辰卜貞王其田亡戋

乙　乙未卜貞王其田亡戋

丙　殘文酉卜

第一百二十片※

甲　甲子貞闢

乙　闢子卜闢〓闢于田

第一百二十一片※

甲　翌日乙王叀〓田亡戋　吉

乙　叀斿田亡戋　大吉

丙　王其〓〓〓〓王于東立豕出擒　吉

丁　弗擒　大吉

戊　吉

𡵂由甲乙二辭觀之斿𡵂當是一字考古文斿字亦从水作汓而从水之汜字古文正从山作岕集韻以此例之从山从子之𡵂與从水从子之汓當為一字蓋从山與从水均能表示斿樂之意凡可以表示同一意象之構成要素契文往往互用如豩逐之作麀牢之作窂又族之古文作岕玉篇則从山从子之𡵂亦可从㫃作斿矣此亦可證𡵂碻為汓之別構也

[古文字]字或作[古文字]後上第十四葉第十一片疑是樵字

豕出二字疑為逐字之誤刻蓋逐字契文作[古文字]而本辭之[古文字]

[古文字]二字僅止下多一弧線耳

第一百二十二片※

甲　癸未貞王其狩白闕

第一百二十三片※

甲　壬申卜貞王田曹往來亡巛王闕曰吉

第一百二十四片※

甲　于戊闕　茲用

乙　王其田叀犬𠂤𢎘擒亡𢦏

丙　王其田叀氐犬𢎘擒亡𢦏

丁　闕乙犬闕雨　茲用

戊　斯夙

氐疑為戉字

第一百二十五片※

甲　戊寅卜王阱易日允

乙　辛巳卜在冀今日王逐兕允擒兕

第一百二十六片

甲　王其田⿰氵⿱艹皿日闕

第一百二十七片※

甲　弗擒

第一百二十八片

甲　闕五闕王⿱冂乂闕麋

乙　殘文𢦏

第一百二十九片※

甲　闕辛斯申闕⿰田丿又𠂇闕

⿰田丿疑是男字

第一百三十片

甲　王其田⿰氵⿱艹皿日亡𢦏不冓雨

乙　吉丝用

丙　王其田闕

第一百三十一片※

甲　戊主闕□闕魚擒闕

乙　不擒

第一百三十二片※

甲　闕禽□辛闕鹿闕

第一百三十三片※

甲　弗擒□來从東□

乙　王其从□卅于之擒□

丙　南于之擒□

本片行氣不整文字凌亂斷句甚難今姑釋之如右

第一百三十四片

甲　戊子卜貞王其田向亡𢦏

乙 殘文 其

第一百三十五片

甲 戊闕其闕往闕

乙 闕未卜貞闕涉闕來亡闕獲鹿

第一百三十六片

甲 戊辰闕貞田闕往闕巛于闕

乙 闕王卜闕㞢闕亡巛闕曰吉

第一百三十七片 ※

甲 盂田禾穫其邗吉秎

乙 斯邗吉秎

丙 殘文 秎

第一百三十八片 ※

甲 弗擒

乙　闕𠂇闕鹿
第一百三十九片

甲　闕卯闕貞闕王闕逐闕不
第一百四十片※

甲　叀王往伐𢀛

乙　隹庚丝雨

丙　貞叀畢𠂇呼伐𢀛

丁　殘文丝
第一百四十一片※

甲　王于徲史使人于于之艮伐𦣠王受又

乙　徲取邦史于之艮伐𦣠王受又獲用

丙　王其从𦣠爯册光艮伐𦣠王弗若又有𢦏　大吉
第一百四十二片※

殷契摭佚續編　六十九

甲　乙亥卜羍執𡵂

乙　乙亥卜弗羍𡵂
　　第一百四十三片※

甲　乙卯貞𡘋呂乚闕北邑𠂤
　　第一百四十四片※

甲　丁亥貞王令畢衆㞢伐𢀛方受又祐

𢀛或作𢀛（後下第二十四葉第十三片）乃旨字旨方即呂方何以言之請申吾說

殷虛書契後篇卷上第十六葉第十片辭云

貞王勿令畢以衆伐呂方

文字與本片略同而統帥衆庶之將領又同為名畢之人所異者一為肯定之辭一為否定之辭耳此令吾人想像𢀛呂之間必有相當關係苟欲闡明二者之關係其勢不得不從

𢀛字之考釋著手

𢀛字之結構奇古頗難辨認諸家各持一說聚訟多年訖今未有定論瑞安孫氏釋昌（契文舉例邦國第七）海寧王氏駁之曰昌無作𢀛之理惟卜辭吉字或作𠮷或作𠮷與𢀛相似然無由證𢀛𢀛之為一字也（殷虛文字考釋第二十五葉）林義光又釋為鬼謂卜辭𢀛方𠙵方並即鬼方𢀛象土塊亦即土之變與吉上之仚仝𡈼初無大異則𢀛與吉其初皆古字古音與鬼相合卜辭屢見之𢀛方自即為經典所恆見之鬼方矣（鬼方黎國並見卜辭說載北平中國大學印行之國學叢刊第一期第二冊）葉玉森氏復駁之且釋字為苦葉氏之言曰按𠙵與仚仝𡈼其形絕異卜辭土及从土之字無作𠙵及仚仝𡈼形者林氏謂𢀛與吉字其初皆為古字未可遽信至卜辭土方舛于我東鄙𢦏二邑𢀛方亦侵我西鄙田二語中之土方𢀛方明為二國故𢀛方下著一亦字似不能斷為

一國且據安陽發掘報告獲甲有鬼方二字則𢀛方非鬼方亦非土方可以斷定（集第一卷第九十七葉） 又駁王說云卜辭𢀛之異體間作𢀛𢀛無一作𢀛形者吉字亦無一作𢀛形者其非一字可以斷定予舊釋苦說文𠱠舌貌倒置之與卜辭𢀛𢀛所从之𠙻𠙻相似𠱠从𠔿象舌丅象其系𠆢象其紋𠙻𠙻則省𠆢疑古象形舌字𢀛𢀛象舌出口乃古苦字味苦則吐舌出口猶曰象含一物于口以表味甘（集第一卷第九十六葉） 唐蘭氏則釋之為舌而非葉氏之說曰說文𠱠字即卜辭㠯字𠱠𡿪等字可證本象簟席之形許釋舌貌後起之假借誼也因形與𢀛形迥殊因又非舌是葉以𠙻為舌已無根據（古舌作𢀛 自）舌出口為苦尤屬杜撰則𢀛決非苦字也或釋為呂（予不憶其為誰氏之說） 然金文呂作○○與此迥殊亦不足信余謂𢀛為𠙻在𠙴中𠙴者𠙴盧也𠙻為古之倒形卜辭有古字舊不能釋（見甲骨文編附錄三三）

郭沫若氏因工㲋連文工或作古若㞢謂當是工之異猶亾
之作亾𠆢之作𡗜也通第六十三葉余謂郭以古為工至精且確惟
工形實後起由古婿變而成與号正相似非工變異為古也
㞢倒為㞢後下廿七當即呂所从之㞢近見柏根氏藏甲骨文字
𠮛字即巠當釋為扛攷字即攻當釋為攻其所从之占若古即
呂或呂所从尤為顯明則呂為从工之字可斷然無疑呂象
工在口中以象意聲化之例推之當為从口工聲今無其字
卜辭用為國名則當是邛之本名卜辭有㔾方舊不識余以
為巴方又有蜀則邛當即邛笮之邛其地略當四川之邛縣
在殷時當甚強盛故為西方之鉅患也天第五十四葉
唐氏抨擊葉說甚力然其自身之考釋固亦未能令人置信
也故傅東華氏兼評二人之言曰余平心論之葉氏之釋吐
舌為苦未免近於杜撰碻如唐氏所云然唐氏之說亦迂迴

過甚未便遽信且𠚕方二字連文之見於卜辭者即鐵雲藏龜以下八家書中已無慮百次而自餘諸家著錄亦屢見不一其為當時與殷商交涉至密之國可不待言郭氏亦謂征伐例中最多若果如葉唐之釋為苦方若邛方不應古來史乘竟無一語之記載此其說之所以無參驗而未可必據者也鬼方墑見卜辭說第三葉傅氏於此乃自釋𠚕為凷其言曰余經細審乃知𠚕即許書之凷字亦即今之圭字說文土部凷墣也从凵凵屈象形塊俗凷字从土鬼原注此從小徐大徐作一屈象形元應一切經音義引同是謂凵形為一屈而義乃不憭段本亦從小徐是也案凵屈之屈當讀為堀許訓突也段注云突為犬從穴中暫出因謂穴中可居曰突然則凵屈云者當讀凵一頓謂凵乃屈堀即穴也故曰象形原注此句段據尾部之屈釋屈為無尾謂凷之形略方而體似無尾者故从土象其形云云則失之拘矣凷从土凵會意者謂凷乃土覆穴也覆穴之土即初民穴處之門戶如今庋閣之橫門然其形以

長方為宜故𠙵之上體从𡈼且𡈼亦即土字卜辭土作Ω若Ω乃指凡土今特指覆穴之土故其形略變其下體則當以凵形為正但卜辭凷字多有从𠙴作𠙵者从𠙴與从凵無二其例如𡴭出當从凵而亦从𠙴厺去當从凵而亦从𠙴至其作𠙵形者則截去上體之口即居然隸變矣此𠙵之為凷可以絶不容疑義者也而凷之俗字从土鬼故媿土而存鬼遂變凷方而為鬼方矣又云再以字形論則凷與圭同為𠙵之變蓋𠙵本有𠙵𠙵二異體原注後一體見龜甲獸骨文字二卷二七之六𠙵之上體變土則成凷寖假而上直筆下徹而凵之屈筆平舒然後下體之凸乃亦變為土此即圭从重土之由來也論音讀凷塊今讀溪紐圭讀見紐古則同屬見紐而無別此觀塊所从之鬼今亦讀見紐可知又隋唐音凷在脂部圭在支部脂支古音近可通此又凷圭古同字之一證也鬼方塙見卜辭說第四葉第六葉

傅氏釋字為𡉚且評唐説迂迴過甚然傅説之迂迴似有過之而無不及傅説之難於使人置信者有三第一卜辭土字均作Ω若△蓋○◇所象者為土塊而其下之一横則象平地今𡆧字所从之ㄓ口與一之間有一豎筆以連繫之此筆所表示者究為何物乎傅氏又謂Ω若△乃指凡土而ㄓ則為覆穴之土然覆穴之土何以必須與凡土異其形相乎第二謂截去𡆧之上體之口即可隸變為𡉚更屬無徵不信遍索卜辭文字從未見有截去ㄓ之上體之例也第三又謂𡆧有𡆧𡆧二體𡆧之上體變土則成𡉚而𡆧之上體變土則成𡉚寖假而丄之直筆下徹而凵之屈筆平舒然後下體之凵乃亦變為土此即圭从重土之由來也據傅氏之説則凵所象者為穴窟象穴窟之曲筆豈可平舒曲筆而平舒則所象者已非穴窟矣且凷出𠙴各㚒去諸字所从之凵皆象穴窟

之曲筆也亦有平舒而為𡴭亾太等形態之例乎倘不能舉出例證而嚮壁虛構則吾人亦未之能信且卜辭常有𠙵冊或作石冊二字連文而𠙵正吕字之所从若釋𠙵為土則土冊二字實不可通傅氏釋从𠙵从口之字而竟置單體之𠙵字於不顧何也凡考釋古代文字須面面周到倘僅集中視線於一辭一句鮮有不失之者故欲釋吕則須先識單體之𠙵字卜辭中習見工冊𠙵冊二字連文由卜辭之辭例觀之工𠙵之為一字殆無疑義郭沫若葉玉森兩氏均釋為工通第三百零二片集第二卷第四十四葉第七片然工冊二字亦難索解

今按𠙵當釋示契文示字雖多作亓或亍然亦有作工若𠙵者如戩壽堂所藏殷虛文字第一葉第九片自上甲廿示之示即作工鐵雲藏龟拾遺第十四葉第十一片之宗字作㝐所从之示亦作工又殷契遺珠第六百二十八片之三コ即報

乙報丙報丁二古即示壬示癸之古亦與古同惟多一豎筆耳此可證
工古旦之碻為示字也示實古通示冊即實冊之意詳說據第三片
吕从示从口當即呩字呩乃嗜之古文玉篇而視之古文亦作
眎玉篇或䀘首即旨字集韻或睹集韻又鮨之古文亦作䱁可證示旨古
通故呩方即旨方其所以或作呩或作旨者以其為異族名
之譯音猶昆夷之作混夷薰育之作玁狁耳
吕方二字之見於諸家著錄者當在兩百次左右則其為殷
民族之一大敵國可以無疑而史乘中不見呩方若旨方之
記載以聲類求之則旨方殆即國語所稱之諸稽也
據古史則殷人有三大敵國曰彭祖曰豕韋曰諸稽均為祝
融系統之異民族國語鄭語云祝融亦能昭顯天地之光明
以生柔嘉材者也其後八姓於周未有侯伯佐制物於前代
者昆吾為夏伯矣大彭豕韋為商伯矣當周未有己姓昆吾

蘇顧温董董姓鬷夷豢龍則夏滅之矣彭姓彭祖豕韋諸稽則商滅之矣禿姓舟人則周滅之矣據此則彭祖豕韋諸稽乃商之大敵而為商所滅者此三國並出自祝融集團於商為異民族其言語當與商異所謂彭也卜辭中有彭國見本編第一百四十七片韋也稽也皆國名之音譯而稽以旨為聲說文云稽从禾从尤旨聲是鄭語所稱之稽正卜辭之所謂旨若㖃也

第一百四十五片

甲　辛亥卜㱿貞伐㖃稽方帝受闕

乙　貞帝不闕其受闕

第一百四十六片※

甲　其𦎫用　十月

乙　用

丙　用正（征）

卝字从卜罕見

甲　貞勿令𠂤般（師盤）取侯于彭龍

第一百四十七片 ※

彭龍皆國名當即鄭語所稱之彭祖豢龍也

第一百四十八片 ※

甲　闕𦎫〓受闕

〓字所从之〓與〓（粟）字（甲第一卷第二十八葉第十二片）所从之〓同篆化為卣隸化為西今〓字从兩西从女當是要字之別構要乃水名水經注云濡水出（說文涿郡）又東南流與要水合本辭之所謂要殆即位於要水流域之國家也

第一百四十九片 ※

甲　〓可至于〓偪邾闕从

[illegible]似自字未能碻定
偪當是偪字與逼同集韻侵迫也

乙 殘文 王彳衛 衛

第一百五十片※

甲 闕咊稽方闕隹闕

乙 闕咊稽方闕田

第一百五十一片※

甲 貞翌闕庚告闕㞢闕

乙 貞于大甲告咊稽方

第一百五十二片

甲 闕子貞丁闕馬方闕

第一百五十三片

甲 闕丑闕于商闕正征夷方

乙

闕其闕往闕在十月闕㚔

第一百五十四片

甲

闕寅闕告下□

第一百五十五片

甲

□□

□字殘闕應从止作□或釋伐未可信疑是越字

第一百五十六片 ※

甲

闕𠂤闕□闕

□當作或字借為格殺格鬬之格

第一百五十七片

甲

□出

□乃出字吳大澂氏謂出字中从足跡形所言甚是可正許氏

屮木益茲上出達之誤又以其外緣象屨形而以出則納屨

納屨以踵不以趾為説衡諸事理殆不可通蓋㞢之外緣苟為屨則應在足前而作㞢不應在足後而作㞢是則拘於經典之言並非碻論蔣大沂氏云甲骨文出作㞢前第五卷第二十七葉作㞢前第八卷第二葉字狀凵中有足可見之象易需之六四需於血出自穴此即象居住凵中之吾先民正舉足外出既現一足於凵口而身尚未可見之態舉足外去斯即出之朔誼蔣氏以凵為穴之象形自是達論足正舊説之非

第一百五十八片 ※

甲　甲子卜兄在𢦏　大吉

第一百五十九片

甲　乙未卜㞢來乙王入

乙　闕來乙闕王闕

第一百六十片

甲　丁巳卜闕𢓊于闕往來亡巛

乙　闕卜貞闕𢓊召闕往來亡巛

第一百六十一片　※

甲　闕擒闕百又六在冀

乙　闕巳卜闕大甲㞢

第一百六十二片　※

甲　闕子貞令闕𠂤在[illegible]

乙　殘文東

第一百六十三片

甲　乙酉卜貞壬王𢓊于召

第一百六十四片　※

甲　丁巳貞王步自[illegible]于[illegible]

乙　壬戌貞乙丑王步自[illegible]

丙　乙丑貞今日王步自[illegible]于[illegible]

丁　殘文　貞

第一百六十五片

甲　闕　子卜我于來闕

第一百六十六片

甲　翌癸卯王勿去

第一百六十七片※

甲　丁丑卜其凡祝王闕

乙　丁丑卜其凡祝王入于多亞

丙　丁丑卜其凡祝王入闕于帝闕

丁　殘文　辛

第一百六十八片※

甲　其雨　丝用　大雨

乙　其[illegible]　兹用

丙　斯[illegible]

丁　翌日辛王其[illegible]于梌亡戋

戊　于盂亡戋

第一百六十九片

甲　甲申卜王在夾下

乙　殘文申卜

第一百七十片

甲　王弗往闢偁闢于闢

乙　王弗往闢

丙　殘文往

第一百七十一片

甲　闢子卜[illegible]貞王出闢

第一百七十二片※

甲　庚辰闕王僟闕往來亡闕

乙　殘文貞往

第一百七十三片※

甲　闕貞王往闕□不闕

第一百七十四片※

甲　戊戌卜卯貞今夕亡囚

本片之戊戌二字作□□書法甚奇郭沫若氏謂戌爲鉞之象形於此又獲一塙證

第一百七十五片

甲　丙申卜在□貞闕于□闕

乙　丁酉卜在□餗貞王今日僟闕亡巛

第一百七十六片

甲　癸闕在闕
乙　闕卯卜闕血闕王闕
第一百七十七片

甲　貞勿往
乙　殘文母
第一百七十八片

甲　庚申闕王從闕亡田
乙　殘文卜　從
第一百七十九片

甲　闕貞今六月闕入于闕
第一百八十片※

甲　闕其闕于[illegible]闕[illegible]闕
第一百八十一片

甲　闕卜在[illegible]𢦏于[illegible]闕來亡巛

第一百八十二片

甲　闕王令闕兕闕月

第一百八十三片

甲　癸闕貞闕亡闕

乙　闕酉卜𢦏貞闕令戔[illegible]闕[illegible][illegible]

第一百八十四片※

甲　叀闕[illegible]闕令闕

乙　叀[illegible]令周闕

第一百八十五片※

甲　叀王令侯歸

乙　叀王令[illegible]臣歸

丙　闕酉卜叀[illegible]令

□當是臣字之橫書甲辭之侯字亦係倒書

第一百八十六片※

甲　叀□令周

乙　鬪卯貞鬪□□

第一百八十七片

甲　鬪乎貞鬪牧鬪歸鬪

第一百八十八片※

甲　鬪貞叀鬪令鬪父丙鬪　二月

第一百八十九片

甲　鬪卜戌貞令□宁雞貝

第一百九十片※

甲　叀見鬪令□凡

乙　叀見鬪王令

丙 丁卯卜叀見[illegible]

丁 叀見[illegible]令[illegible]

第一百九十一片※

甲 乙亡大雨 大吉

第一百九十二片※

甲 翌不雨 其雨 不雨

第一百九十三片※

甲 王[illegible]闢即闢

乙 闢亥其[illegible]不遘大雨

第一百九十四片※

丙 其遘大雨

甲 今夕不雨 今夕其 不雨

第一百九十五片※

甲　不其雨　貞雨

第一百九十六片 ※

甲　其雨

乙　甲子貞大乙巛亡壱

丙　不遘雨

丁　其雨

第一百九十七片 ※

甲　于日丁王迺　闕　若不雨

第一百九十八片 ※

甲　癸未卜王不入乙酉[illegible][illegible]

乙　王斯入乙酉亡囚

丙　癸未貞旬

丁　癸亥卜又雨

戊　癸亥卜亡雨

己　殘文庚　今　翌　庚

第一百九十九片※

甲　不遘大鳳風

第二百片※

甲　其雨　五牢

第二百零一片※

甲　甲寅卜翌丁卯[illegible]

乙　甲寅

丙　丁巳卜鬭立卯又九

丁　庚申卜癸雨

鬭申卜

戊

第二百零二片※

甲　于翌日壬

乙　叀今日田辛不冓雨

第二百零三片 ※

甲　斯征

乙　不冓雨

第二百零四片 ※

甲　乙未不雨

第二百零五片 ※

甲　丙寅卜[illegible]丁卯其至雨

乙　丁卯卜今日雨夕雨

丙　戊辰卜己啓不

丁　己巳卜庚啓不

戊　庚不啓

己
庚卜雨

庚
乙亥卜今日其至不[illegible]雨

辛
乙其雨

壬
乙其雨

第二百零六片

甲
今夕雨

第二百零七片※

甲
闕子卜今日雨

第二百零八片※

甲
今日壬啓

第二百零九片

甲
今夕其雨

第二百十片※

甲　貞不其易日　六月　八月

第二百十一片※

甲　今日雨　不雨

第二百十二片

甲　闕

闕貞闕□

□此與□藏第一百十六葉第四片□前第六卷第三十葉第五片異今人多混而為一非□字郭沫若氏釋宰葉玉森氏釋寇未知孰是然□實為傘字象形𠆢肖傘蓋□乃雨滴𠆢形今隸變為人而四雨滴亦變為四人矣考冰字說文本从仌作冰兩水滴亦變而為兩人丨乃傘柄ナ持之卑字从ナ今亦變為十形態顯然無可疑也憶兒時猜字謎有云一字十五人任你書中尋若是尋不到不是讀書人倘吾人亦如字謎所言視㐺為四人字則傘字之構造將不可解矣

第二百十三片

甲 貞征雨

第二百十四片

甲 闕廿貞足黍闕雨 戊斯闕

第二百十五片

甲 癸酉卜其雨今闕

第二百十六片※

甲 癸酉卜其

乙 斯亡雨

斯亡雨猶言其亡雨也

丙 其出于田

丁 闕斯

孚上體所从之鳥其形甚奇當非凡鳥而為神鳥之屬下體从止止所表示者為女性如雌字古文亦从止作雌韻集詩

卷阿箋云鳳凰靈瑞神鳥也爾雅釋鳥鶠鳳其雌皇疏雞頭蛇頸燕頷龜背魚尾今契文習見鳳字而未一見凰字此殆凰之古文歟又本辭言凰其出于田而易乾九二云見龍在田文辭類似此亦可證之應為神鳥也

第二百十七片※

甲 王其田不雨 吉

乙 其雨

丙 不鳳風

丁 其鳳風

第二百十八片

甲 貞今夕其雨

第二百十九片

甲 闕允闕雨闕闕

第二百二十片

甲　癸丑王貞旬亡闕

第二百二十一片

甲　癸丑卜貞王旬亡畎在十

第二百二十二片

甲　癸亥王闕貞旬亡畎

第二百二十三片※

甲　癸卯貞旬亡田

乙　辛酉卜[illegible]㞢祝丁于父宗

㞢殆為凡之缺刻一橫畫者

第二百二十四片※

甲　癸丑卜凡貞旬亡田

乙　癸亥卜凡貞旬亡田　二月

丙　癸酉卜兄貞旬
丁　闕未卜兄貞闕亡田
第二百二十五片※

甲　癸未貞旬亡田
乙　癸巳貞旬亡田
第二百二十六片※

甲　癸卯王闕旬闕曰吉闕示寅册其闕翌闕
乙　闕王卜貞闕畎闕在十月闕𨠫乚闕上甲
第二百二十七片※

甲　癸卯貞闕亡闕
乙　癸丑貞旬亡田
丙　癸亥貞旬亡田
丁　癸酉貞旬亡田

第二百二十八片※

甲 癸未貞旬亡田

乙 癸巳貞旬亡田

第二百二十九片

甲 癸巳貞旬在四月

第二百三十片※

甲 癸亥貞旬亡田

乙 癸酉貞旬亡田

丙 癸未貞旬闕田

第二百三十一片※

甲 庚午貞今夕𠂤亡𡆥

乙 辛未貞今夕𠂤亡𡆥

丙 甲戌貞今夕𠂤亡𡆥

第二百三十二片※

甲　癸巳貞旬亡闕

乙　癸卯貞旬亡田

第二百三十三片※

甲　癸未貞旬闕田

乙　癸巳貞旬亡田

丙　癸卯貞旬亡田

丁　闕丑闕旬闕田

第二百三十四片※

甲　癸巳貞旬亡田

乙　癸卯貞旬亡田

丙　癸丑貞旬亡田

第二百三十五片※

甲　癸酉貞旬亡田

第二百三十六片

甲　辛巳[illegible]貞闕夕亡田

第二百三十七片※

甲　癸未卜穷貞闕

乙　癸卯卜穷貞旬亡田闕

丙　殘文　穷　田

第二百三十八片

甲　癸巳卜穷貞旬亡田八月

第二百三十九片

甲　闕酉卜貞旬亡闕

乙　闕卜貞旬亡闕在五月

第二百四十片※

甲　癸酉闕丙貞旬亡田比

第二百四十一片

甲　癸未卜闕旬亡吠闕夕甲申[illegible]

乙　闕卜闕旬闕在闕

第二百四十二片

甲　癸卯闕豈闕旬亡闕

第二百四十三片

甲　貞今宿于翌癸

第二百四十四片

甲　癸酉王卜貞旬亡吠

乙　癸未王卜貞旬亡吠

第二百四十五片

甲　癸巳闕貞王闕亡闕

乙　闕卜闕旬闕
丙　癸闕貞闕亡闕
丁　闕酉卜闕王闕亡畎闕
戊　癸闕貞闕旬闕畎
己　闕丑卜闕王旬闕畎
第二百四十六片
甲　己卯貞王亡田
乙　殘文止
第二百四十七片
甲　己巳卜卯貞今夕亡闕
第二百四十八片
甲　癸巳卜貞王旬闕
乙　闕卜貞闕亡畎

第二百四十九片

甲　戊子卜貞王今夕亡畎

第二百五十片

甲　辛巳卜貞王今夕亡畎

第二百五十一片

甲　癸闕貞闕亡闕

乙　闕未卜𢦏闕旬亡田　十二月

丙　闕卜貞闕亡闕

第二百五十二片

甲　癸亥卜卯貞今夕亡田

第二百五十三片

甲　癸闕貞闕亡闕

乙　闕卜貞闕旬闕畎

第二百五十四片

甲　丙寅卜貞王今闕亡畎

第二百五十五片

甲　癸未闕凡貞闕亡田

乙　殘文卜

第二百五十六片

甲　癸巳王闕旬亡畎闕固曰吉

乙　闕王卜闕亡畎闕吉

第二百五十七片

甲　戊子卜王今夕亡闕

第二百五十八片※

甲　癸未貞旬亡闕

第二百五十九片※

甲 癸卯闕王旬闕在丁闕
乙 闕卜貞闕亡畎在[illegible]

第二百六十片

甲 癸闕貞闕在闕
乙 闕巳卜貞闕旬亡畎六月甲闕彡祖甲

第二百六十一片

甲 闕辰卜貞王今夕亡畎

第二百六十二片

甲 丁卯卜貞闕㞢闕在二月

第二百六十三

甲 癸闕貞闕亡闕七闕
乙 闕巳卜貞闕旬亡畎闕九月

第二百六十四片

甲 辛巳闕王今闕吠

乙 闕卜闕今闕吠

丙 己卯闕王闕亡闕

丁 闕卜闕今闕吠

第二百六十五片※

甲 庚寅貞聿□闕□

第二百六十六片

甲 闕卜在□貞闕歷在十闕

第二百六十七片※

甲 癸闕其闕亡闕三闕

乙 癸未貞旬亡田

第二百六十八片※

甲 罙出王首亡田今夕□从衛□田

本片文字既不連屬而契刻技術亦欠精殆初學者之試刻也

第二百六十九片※

甲　王从

乙　斯从

斯从猶言其从也

丙　王从

丁　斯从

第二百七十片※

甲　貞乎呼爰援

乎爰爲乎伐之對文乎伐二字連用契文習見

第二百七十一片※

甲　癸未關受　不受

第二百七十二片 ※

甲　斯犂

第二百七十三片 ※

甲　斯帝禘

斯禘猶言其禘也

乙　闕又□

第二百七十四片 ※

甲　丁丑卜　丁　申　□　丙　□□

此片刻工幼稚當出於初學者之手

第二百七十五片 ※

甲　新□□

第二百七十六片 ※

甲　癸巳卜　闕　王　闕　□大邗彝卅　闕　□

乙 貞闕

丙 乙酉貞王㞢侑

丁 [illegible]闕人闕𢀛闕

戊 闕自闕上甲

[illegible]舊釋畫未可遽信金文亦有此字余改釋勸說詳拙著金文研究釋勸

第二百七十七片

甲 闕貞[illegible]闕用

乙 斯眔

斯為人名他辭云乙巳卜貞斯眔及雀人名伐屰田粹第一千一百八十六片本辭眔下應有媰文

第二百七十八片

甲 闕于[illegible]七闕

第二百七十九片

甲 □

本片殘闕過甚僅存一字亦闕損不完以筆勢觀之兩傍所从者必同應作□形字奇古不可辨認

第二百八十片※

甲 庚闕方闕

第二百八十一片

甲 貞□

第二百八十二片※

甲 癸卯闕□目申闕□人闕

第二百八十三片

甲 不用

第二百八十四片※

甲　貞不其征

乙　三自闕

本片兩面均有刻辭三自二字係刻於背面者三非三字往往與允字對用允為果然之意則三所表示者當為將然疑為工之初文讀為將說詳摭第九十七片

第二百八十五片

甲　癸未闕□貞闕□

第二百八十六片

甲　己丑卜㝐闕令大闕□

第二百八十七片□

甲　斯用

斯用猶言茲用也

第二百八十八片□

甲 貞闕良闕
第二百八十九片

甲 其蜃 不闕
第二百九十片※

甲 闕王闕
第二百九十一片

甲 貞勿
第二百九十二片※

甲 㞢有巛

郭沫若氏釋冥粹第一千二百三十九片是也冥巛災與冥妫嘉為對文郭讀為娩災娩嘉而唐蘭氏韙其説天第八十七片今按郭説恐有未諦蓋冥嘉何以必解作分娩之嘉而非冥福之嘉冥災何以必解作分娩之災而非冥福之不嘉乎

第二百九十三片※

甲 闕侯艮服闕執闕

第二百九十四片

甲 妣戊闕𢦏戊闕

第二百九十五片

甲 岁

第二百九十六片※

甲 貞㞢賓

第二百九十七片※

甲 叀王闕執闕

第二百九十八片

甲 丁闕帚山闕

第二百九十九片※

甲　闕貞日戠闕又闕

第三百片

甲　闕貞⿺乚廿屮疾　于祖辛闕正

第三百零一片

甲　斯罘

乙　罘￥

第三百零二片 ※

甲　不玄黽

卜辭習見不玄黽三字連用瑞安孫氏釋玄為紹假作詔釋黽為龟（舉例下第五十葉）董作賓氏初釋玄為𦊆謂玄象羂▽象網出水四邊收縮下垂之狀作廿者象網之入水圓展之狀不玄黽即不𦊆龟也（寫本後記）後又改釋為不絲鼄讀為不踟蹰（斷代研究）郭沫若氏釋為不鼉鼄鼉者䵹鼃也猶言不迷芒

不蒙朧不紛亂言兆璺之鮮明也（殷契餘論鏝黽解）陳邦福氏謂□从午从口即舌疑假作牾□當釋鼃不舌鼃者或不牾殊之音假猶云不乖殊也（殷契辨疑）張鳳氏疑□為吾从口午聲午與吾通□亦釋龟（殷虛文字孳乳研究）唐蘭氏釋□為才謂□字或作□卜辭尚有□字象兩手執□之形又有□字以卜辭午字作□者或作丨證之□□當是一字又謂□□二體當以□為正體□為變例□即才字也卜辭才字有作□者當是原形蓋與午（杵）為同類而鋭首即臿也其後由□變為□為□而所象之形晦說文訓為艸木之初而其義更晦至於□字唐氏則從郭釋黽讀不才黽為不再墨（天第四片）吾人於諸家之說均以為有商榷之餘地而於唐氏以□為才之言尤期期以為不可

考契文□字異體頗多有作□□□□□□□□者甲骨文

編收有⿱8▽字五十八而从8从▽者四十一絕無从丨从▽作⿱丨▽者而唐氏反以⿱丨▽為正體⿱8▽為變體不知何所據而云然至於以⿱丨▽為甶之象形因釋為才字斯所謂重紕貤繆者矣

綜觀諸家所釋當以陳張兩氏从午从口之說為近是惜乎未達一間蓋▽固可釋為口然亦可釋為言口言二字古通如契文設字作□說文收有信字古文作□謀字古文作□謨字古文作□以謀謨二字之古文例之則从8从▽之⿱8▽當釋為許字此乃斷斷乎不容疑議者也余於此字深感孫氏所倡分析偏旁之法運用匪易倘於分析之際而加以穿鑿附會之談則街頭賣卦之拆字先生固亦精於分析偏傍者

唐氏謂⿱8▽為變體⿱丨▽為正體之說雖毫無根據然所言□

一字則是也吕午之變體或作丨則吕之變體當然可作亽□□乃吕亽之繁文猶□爲□之繁文□□爲要票農之繁文也

甲申卜亘貞□許㞢侑匚報于𨷖 契第六百五十三片

癸𨷖戉貞□許𠦪于大甲 佚第二十三片

𨷖戌卜貞翌乙亥□許㞢侑于祖宰㞢又一 前第七卷第三十二葉第四片

辛亥卜貞庚來甲翌甲□許用于夫大甲十三日 前第四卷第七葉第六片

□字在上引諸辭中多用於祭名之前則所謂許侑許𠦪許用殆即今人言許願也

□許貞 前第六卷第三十三葉第四片

癸亥卜□□許貞 甲第一卷第二十六葉第十一片

𨷖戉□許貞旬亡田壬辰雨 甲第一卷第二十七葉第十片

闕□許貞旬亡田丁未雨甲第一卷第二十七葉第十片

癸未卜□□許貞旬亡田粹第一千四百二十四片

癸巳卜□許貞旬亡田粹第一千四百二十五片

闕卜□許貞旬亡田粹第一千四百二十五片

許字於上舉諸辭例中並用於貞字之前當為貞人之名又許與□□等貞人同列名於一辭之內殆為同卜之例郭沫若氏引書洛誥云我二人共貞則是成王與周公同卜粹第一千四百二十四片今按郭說是也

他辭又云不□□前第八卷第四葉第三片□亦是□字□之為□猶艸蚰之為希屮虫也

至於□字異體亦多作□□□□□□□□等形諸家或釋黽或釋龜或釋鼄當以釋鼄為是考甲骨文編收□字五十二以作□□□形者佔絶對多數此為其正

常之形態可知今諦視其形絶不類黾卜辭中黾字屢見如等並肖首尾足爪及隆起之甲與甲上之紋以為特徵無一作形者又以身與足之比例言之黾身大而足短身小而足長決非黾之形象乃顯而易見者也至於釋字為黽者亦未可遽從黽說文云鼃黽也鼃蝦蟇也蝦蟇之特徵乃鋭首而豐臀之異體有作即繩字之所从者頗肖蝦蟇之形然類似此種形態者在字異體之中僅佔二三字耳不能以此為根據而遽釋之為黽也其所以有類似蝦蟇者蓋因象形文字本為一種圖畫執筆者雖以同一事物為描繪之對象但其表現之結果不必人人盡同既有巧拙之分又有畢肖與近似之別其略有出入乃普通之現象故象形文字實有難於考釋之特殊理由在即以字而論其特徵為極狀之小身與纖長之細足自當以釋鼃為

是然以其形態不易辨別易與黽字混今人遂多釋為黽惟釋此字為黽者不僅今人即古人於二千年前已誤定為黽矣鼄字乃蛛字之古文从朱从黽蛛字而从黽實古人誤釋之鐵證考金文蛛字作鼄字即其隸變本蜘蛛之象形並非黽字以其與黽類似故加一聲符朱字以資識別孰知隸化之際蜘蛛依然譌變為蝦蟆矣此可證古人於蛛黽之分與今人同感其困難也

故契文字實為蛛之原始形至金文時代乃變而為其後必有病之煩縟難書者遂徑書朱字以代之終以朱字與朱紫之朱無別乃又附益一虫傍以為標識古代之象形文字遂一變而為標音文字矣今將蛛字之演變過程圖示如左

[古文字]既應釋蛛則不[古文字][古文字]即不許朱也朱居諸三字同音汪中老子考異原註駁張湛楊子名朱字子居之說云今江東讀朱如居意謂楊朱即陽居而居諸又為同音之問詞詩日月日居月諸傳云日乎月乎是居諸不但同音且同為之乎之於之合音也唐鉞氏於古史辨第四册論楊朱謂朱字古音端紐侯韻居字見紐魚韻相去甚遠朱居之不同正如今音都歌之互異殊不知古人之發音機關遠不如今人之發達古今相差之程度與成人小兒相差之程度同吾人習聞小兒稱哥哥為多多公園為東園公共汽車為東凍汽車是在小兒之口中見紐可變為端紐也又章太炎氏於國故論衡古雙聲說中言庚聲有唐貴聲有積是見紐可變而為透紐端紐也端見之分在古實無今日之嚴重又居諸同在魚韻蛛在虞韻魚虞同在古音第五部是朱居諸三字為聲近韻同之字其所以不言日諸月諸或日居月居而言日居月諸者互文耳居問詞之助也王引之氏謂居猶乎也經傳釋詞卷五左傳成二年曰誰居其孟椒乎誰居即誰乎之意故不許朱即不許居亦即不許乎之意也其答語則為不許

不□許前第七卷第四十一葉第二片

不□許前第四卷第四十九葉第六片

至於所許者為何事不許者又為何事試觀許侑許𠦪許用諸辭則思過半矣

不□□三字又有變體作不□□前第八卷第四葉第三片或不□□甲第二卷第十一葉□即妹□之別構有作□者□即味字□所表示者本為之乎二字之合音故不許妹可書作不許妹或不許味女之美者曰妹乃後起之誼其初當與姘□娥□等字同為女姓蓋以蜘蛛為其圖騰者凡可以代表之乎二字之合音者均可用於辭句之末以表示疑問故在經傳中已改為居為諸矣

第三百零三片

不許妹諸

甲

不㑥有一六字乃紀數之字與不許妹三字並不連屬

第三百零四片

甲　光　四大示闕

第三百零五片 ※

甲　尹弗

第三百零六片 ※

甲　□

第三百零七片

甲　丂

第三百零八片 ※

甲　己亥卜闕王□闕

第三百零九片

甲　壬申卜貞从闕□

□郭沫若氏釋崔

第三百十片

甲 其見

第三百十一片

甲 余

第三百十二片

甲 貞

第三百十三片

甲 貞

第三百十四片

甲 貞 今 冥

第三百十五片

甲 王

第三百十六片

甲 貞亡古令
第三百十七片

甲 翌興十二月
第三百十八片

甲 貞古盬王事
第三百十九片

甲 寅 剌
第三百二十片 ※

甲 寅 充 㚢
第三百二十一片 ※

甲 闢戌卜闢㞢疾
第三百二十二片 ※

甲 不

第三百二十三片※

甲 萬

第三百二十四片※

甲 卯 斯 征 徣 征

第三百二十五片

甲 癸鬭貞鬭直鬭先矦

第三百二十六片※

甲 丑 勿令 易

第三百二十七片※

甲 不許蛛諸

許下有一五字亦紀數字

第三百二十八片

甲 貞 亡田

第三百二十九片

甲 闕子卜自九闕

第三百三十片

甲 車卯 雨

第三百三十一片※

甲 其先

第三百三十二片※

甲 [illegible] 足

第三百三十三片※

甲 卜旅 即

第三百三十四片※

甲 貞卜 㞢有嬪

第三百三十五片

甲斯[illegible]

第三百三十六片※

甲戌卜 翌 亥 勿

第三百三十七片

甲 勿 征 戠 二告

第三百三十八片

甲 [illegible] 甲子 賓 三 卯

第三百三十九片

甲 [illegible][illegible]

第三百四十片

甲 子 叀 陟 二告

第三百四十一片

甲 爻 帚

第三百四十二片

甲

第三百四十三片

甲

辰卜

自第三百四十四片至三百四十九片乃骨器之殘片而有花紋者亦足珍視特附錄於此以供治花紋學者之參考焉

中國科學院考古研究所特刊

殷契摭佚續編

一九五〇年九月初版

基價捌拾元

著作者　李亞農

發行者　中國科學院

承印者　商務印書館印刷廠

孔德研究所叢刊之四

金文研究

李旦丘著

目次

金文研究

江津　李旦丘著

釋畀

畀　班段銘云：「亡罔不咸斁天畏威，否畀屯陟」，郭沫若氏隸定爲奥（兩周，第二十頁）。于省吾氏隸定爲畁（雙，上之二，第二十四頁）。依照一般隸化的方式說起來，郭于兩氏所定的都不錯。因爲此字上从鬼頭，而下从大，絕無問題。可是，从由从大的奥，究竟是什麽字？而「否奥屯陟」這句話，又究竟應該怎麽講？兩氏並無說。

自許氏以來，歷代的文字學者都把田認爲鬼頭，在一般的場合上，這本來是對的，無可疵議。不過在這畀字上面是否鬼頭，却大有問題。現在暫且按下不表，留在後面再來詳細的討論。我們還是先來研究一下奭字所从的大字罷。

這個大字看起來很簡單，其實在文字學上却是一個夠麻煩的字。它的變化相當的複雜。傍的字既可以變成大，而大也可以變成傍的字。倘若不將它的來蹤去跡弄個清楚，便休想認識這個从由从大的奭。

什麼字可以變成大呢？我們爲研究的便利起見，不妨先拿莫字所从的大來作檢討的對象。

莫字的古文並不从大。莫，甲骨文作（後上，第十四頁，第六片）金文作（散盤）。本象日在茻（草）中之形，故有日暮的意思。後來，下面的艸，沒有像上面的艸那樣變成廾而變成了大。這麼一變，真是害人不淺，弄得古代的文字學者完全不能理解从大的莫字爲什麼有日暮的意思了。於是在表意文字——莫的

下面再添一個日，製造成功了我們現在常用的標音文字——暮字，而不自知其爲關門閉戶掩柴扉的辦法。

其次，值得提出來說一說的便是葬字。

葬字的正寫是葬，象死人在草中之形，故有埋葬的意思。从大的葬只算得我們常用的俗字，在字書所不收之列。不過，如果讀者以爲這是現代人不懂文字學，隨便瞎寫的俗字，那便錯了。你不知道這種俗寫的來源才叫古而且遠哩。

我們在上面所看到的是兩窩草變成了大，現在再來研究一下彝字罷。

彝，甲骨文作彝（前，第二卷，第六頁，第六片），金文作彝（白毀），从鷄从収，象兩手執鷄之形。這兩隻手後來變成了廾，作彝，廾又變成了大，作彝。

在這彝字之外，還有許多字所从的大，都是由兩隻手變起來的。現在且隨便提出具兵兩個字來說一說。具兵兩字的普通的寫法是从六，但是，我們有時也把具字寫成具，此可證具兵二字所从之六，皆爲大的變形。那末，這兩個大字又是怎樣變起來的呢？

古文的具兵二字，既不从大，也不从六。具，金文作𡖔（曾伯簠），象兩手捧貝之形。說文云：「供置也」。引申爲具備之誼。兵，金文作𠔕（舒口句鑃），象兩手捧斤之形。軍器也。從金文看起來，具兵二字所从之大或六，皆由兩隻手變化起來的。其他與興等字所从之六，亦然。

不管它是兩隻手也好，是兩根草也好，在古文裏面的形態都極相近，統統可以寫成𠬞，而在今隸裏面又都可以寫成廾。這個廾字，便是莫彝具等字所从之大的本來面目。

不單是廾可以變成大，反轉來，大也可以變成廾。不過，這種例子極少。

集韻中收得有一個奇字，从入从亣，作。據集韻說，這是矢字的古文。矢字的古文何以會寫成這個樣子呢？一看似乎奇怪，再看便覺平常了。原來矢字雖是象形，甲骨文作（藏，第一百二十八頁，第一片），金文作（虢季子白盤），整個的是一枝箭的象形，絕不容許割裂。可是一經隸變之後，簡直看不出它是一個象形文字了。其後不知何時出來了一位歡喜分析偏傍的古人，糊裏糊塗的加以分析，硬把整個的象形字分析為从入从大之字，而大又可與廾通用，於

是乎製造成功了一個亣字。再進一步就變成了夰（丌亓是一個字，欽罍其字作丌，緣匜君鉳作亓）。

照上面所說的看起來，廾可以變成大，而大也可以變成廾。現在我們不妨把㚖字也變起來看一看。大字改作丌，而鬼頭亦可寫作田（畏字本从鬼頭，今亦从田），這豈不是就成功了一個畀字麼？爾雅釋詁云：「畀，賜也」。可是，我們得記着畀字還有一個古文，卽集韻所收的畁，不从田而从由。

我們既知㚖之爲畀，則「否畀屯陟」這句話就不難講了。否不丕三字古通用；純金文多作屯；陟，周禮春官「三日咸陟」，註云：「陟之爲言得也，讀如王德翟人之德」。是「否畀屯陟」卽丕畀純德。厚子壺銘云：「承受純德」，純德既可承受，當然可以畀與矣。

爯从盨銘中亦有臾字：「其邑𩫖愬言二邑臾爯从」。郭沫若氏云：「臾當是鬼之異文，讀爲歸，饋也」。（兩周，第一百二十五頁）

又中齋銘云：「今兄䝈臾女裹土」。郭氏於此亦謂臾殆鬼之異，讀爲歸。（兩周，第十六頁）從捉摸字誼上說起來，郭氏的見解在舊說中要算是最進步的，故于省吾氏亦引用其說於雙劍誃吉金文選中（卷上之二，第一頁）。釋臾爲鬼，讀爲歸，於文誼雖然可通，惜於字形無據。因爲从鬼頭的字，不必卽是鬼字，例如畏。

今按此二臾字均應爲畀。二邑畀爯从，卽以二邑與爯从；畀女裹土，卽以裹土與女的意思。

中齋早見著錄於宋代的博古圖，訖今尚未有能識此字者，而我們由于研究大字的來蹤，竟得發千載之覆，不可謂非快事。現在我們再來研究一下大字的去跡罷。

立，甲骨文作立（前，第七卷，第十六頁，第一片），金文作立（毛公鼎）。象人立地上之形。从大从一，本應隸定爲⿱大一，可是在今隸中，大居然變成六了。又竝字（並卽竝的更方便的寫法），甲骨文作竝（後下，第九頁，第一片），象兩人並立地上之形，本从二大，可是今隸也把它變成二六了。

又如奇字，可从大，亦可从六作奇。上舉諸例，皆足證大可以變成六。故漢周憬碑中之臾，卽臾，亦卽臾字。字彙補以其形近誼同，遂收爲古文臾字，實是錯誤。

冥字亦从六，然其原始的寫法實應作𡦹，象兩手持巾覆日之形，表示着遮蔽日光的意象．故有窈誼。小篆已將兩隻手變成了六，作冥。這麼一來，害得許叔重上了一個大當。說文云：「从日从六冖聲。日數十，十六日而月始虧冥也」。唐蘭氏謂許說穿鑿可笑（天，第八十七片）。許說固可笑，唐說亦欠明晰。僅謂冥爲形誤，而未能說明其所以誤。怪不得孫海波氏要來一個質問了。孫云：「說文固不免穿鑿，唐氏何以知古冥字之非从冖从日从六，而必作𠷎形耶」？（誠，第三百三十七片）現在既然知道冥字所从之六，是從兩隻手變化起來的，則孫氏的疑團可以渙然冰釋了。

（二甲骨文𠷎字，郭釋冥（粹，第一千二百三十九片），不誤。卽牢（拾，第三頁，第十五片）之所从，可隸化爲宀——宀宀通，宂可作冗，富可作畐，是其證也——口可隸化爲日。日字，甲骨文亦有作口者，如◇（後上，第九頁，第三片），◇（戩，第四十七頁，第五片）。字从宀从日从廾（亦卽六），非冥字而何？）

由於硏究大字的歷史的發展，我們證明了奥之確爲畀字。可是，話說到此地來的時候，或許有人要提出異議說：甲骨文和金文中，均另有畀字。甲骨文作（後下，第十九頁，第三片），金文作（師酉毀），何來此从由从大之奥？這個問題正是我們想繼續在此地討論的。

我們在前面已經說過，畀字另有古文作畁，从由而不从田。這個畀字才是𢍏𢍏的嫡系子孫，畀字只可算作𢍏的傍系的後裔了。

說文云𢍏，舉也。从廾甶聲。段注云：「各本作由聲，誤。或從鬼頭之甶，亦非也。此從東楚名缶之甾」。

甾，由，甶，田四個字，自古以來就被混用得一塌糊塗。甾誤爲由，我們尚能勉強容認，因爲从甾之字，以其與由字形近之故，後來大多數都被隸化爲从由之字了，而且這種隸定的方式已經有了兩千年的歷史，既已約定俗成，我們也只好把甾字定爲由字，但是甶自是鬼頭，田自是田地之田，豈可混用？所以

𢍏應隸定爲畀，从田作畀者非。

𢍏應隸定爲畁（玉篇收有畁字），今从田作畁者亦

非。

由，甶，田三字的混用是不合理的，因爲這三個象形字所代表的事物完全不同，意誼相去太遠。可是，這些字的混用，不起於後代，自古已然。推其混用的原因，實由於古人寫字太隨便了一點。

例如西字，甲骨文作甴（前，第七卷，第七頁，第一片），是鳥巢的象形，本來是應該開着口的，可是另外有部份古代的書家，却硬把巢口封閉起來了，把它寫成甶（藏，第二十九頁，第四片）的樣子，甚至於有把它寫成甶（前，第四卷，第六頁，第一片）的樣子的。做口甴遂變成了閉口甶。在同樣的情形之下，古代的書家又糊裏糊塗的把本應做着口的由（甲骨文作田，小篆作甶）寫成閉着口的由（甶）了。所以我們在此地研究的卑字所从之甶，雖與鬼頭同形，其實並非鬼頭，只是閉着口的由罷了。這個甶，正是畀字所从的田之遠祖。

由，甶，田三字的混用，實在誤人。在注解卑字的時候，又把許叔重的頭腦弄昏了。

卑字的俗寫作早（正字通），小篆作卑。說文云：「賤也，執事者。从ナ甲」。段注云：「古者尊又而甲ナ，故從ナ在甲下。甲象人頭」。許氏謂卑的字誼爲「賤也，執事者」，這是對的。這當是古誼之被保存下來了的。可是，卑字爲什麼有這樣的意誼，許氏並沒有能夠理解，他不過是在那兒人云亦云。你看他說字从ナ甲，便露出馬脚來了。因爲卑字決不从甲，這是從今隸的字形就可以看得出來的。古文有亡於小篆而間存於今隸的說法，又可以適用到這裏來。至於段注，更是皮傅之談，不用說了。

那末，卑字的構成要素到底是怎樣的？今隸从甶，這顯然是一個鬼頭，不過是把當中的一筆拉長了一點，伸到頭外來了而已。所以正字通所收的俗字卑，比正寫卑還要近於古文一點。至於最近於古文的，要算是段注中所寫的卑字，从田从十作卑。

考金文卑字作卑（散盤）卑（㽙鼎）卑（晉邦盦）。朱駿聲氏云：「圜榼也。酒器，象形，𠂇持之。其器橢圓有柄，故攷工廬人注云：齊人謂柯斧柄爲椑；椑，隋圜也。廣雅釋器，匾榼謂之椑。酌酒必資乎尊禮器，故爲貴，卑便于提攜常用之器，故爲賤。引申之爲一切凡卑賤之稱」。（據古文聲系，支部，第一

頁）

朱駿聲氏知道卑不从甲，這是一大進步，然於字形的說明，依舊欠審。金文卑字所从之⊞，顯然是⊞之微變，而舀鼎卑字所从之⊞與晉邦盦頻字所从之⊞，又均爲⊞之倒形。朱駿聲氏謂卑爲圜榼，此可證其說之不可從者一。橢圓之酒器而有柄在下，這到底是怎樣的一種樣式？古往今來，恐無此奇器，此可證其說之不可從者二。今縱假定卑爲有柄之酒器，何以卽知其爲非禮器而爲提攜常用之賤器？此可證其說之不可從者三。

在我們看起來，卑字的上部實爲鬼頭。金文的字形和今隸的構造，可以爲證。不過這個鬼頭和卑字所从的⊞一樣，不是真正的鬼頭，而是封閉了口的甶。所以，以卑字爲从甲者，固誤；以卑字爲从由者，亦非。卑字實應从由而作卑。

知道卑字的正確的構造之後，再去看說文所講的字誼，就可以恍然大悟了。卑象隻手持由，故許氏云：「執事者」。執事者率爲婢僕之屬，故得引申爲卑賤之誼。畀象兩手捧由之形，故許氏云：「舉也」。兩手捧由，本有恭奉與人之象，故可引申爲畀與之誼。

遲盨有姜渙，字作；孟渙父鼎亦有渙字，作。均係人名。既爲畀，則當爲淠。淠乃水名。說文云：「水出汝南弋陽垂山，東入淮，亦作渒」。水經亦云：「淮水又南北，渒水注之」。姜淠與孟淠父二人之所以名淠，疑與淠水有相當的關係，惜此二器，不知出土於何處，無從斷定耳。

袤

釋依

伯晨鼎銘云：「易錫女汝鬯鬯一卣，玄衮衣，幽夫黼，赤舄，駒軎車，畫昕斷，鞎文幬較，虎韓幃冟幂袤袤，里裏幽。攸勒。旋五旅。彤形弓彤形矢，旅弓旅矢，𢦚戈綄胄。（據郭釋，兩周，第一百一十六頁）

干省吾氏釋字爲表，且斷句亦與郭異，讀成「虎韓韋冟表裏。幽攸勒」。（雙，下之一，第十六頁）

今按袤字从立。困難正在這立字上，若把立字的本體弄清楚，則問題卽可迎刃而解。

從古文的構成原理說起來，从立與从人，應當同意。因立立象人正面站在地上，而伸其兩手於左右之形，而亻人則象臂脛之形。同象人形，故从立之字亦可从人。例如：

竢　說文段注云：「經傳多叚俟爲之，俟行而竢廢矣。

竚　或作佇。

𥪡　或作傒。

竛竮　或作伶俜。

从立與从人之字既然可通，則㕣當卽㐆（前，第六卷，第三十四頁，第二片）。㐆爲甲骨文依字。說文云：「依，倚也。从人衣聲」。許氏所云，殆其引申之誼，至其朔誼，當如儀禮的注解所言。儀禮覲禮云：「天子設斧依于戶牖之間」。注：「依如今綈素屏風也，有繡斧文所以示威也」。又禮記明堂位：「天子負斧依」。釋文本作扆。今按扆字象人在衣中有所遮蔽之形，則屏風當爲其朔誼。又以屏風係置於戶牖之間者，故又指戶牖之間。說文云：「扆，戶牖之間謂之㞕，从戶衣聲」。

現在不妨把依字用到銘文上來看一看，看它通與不通。

所謂虎幃冟依，到底是什麼意思？在我們看起來，這句話裏面實包含着三件東西。

第一，虎幃；郭氏解作有虎文之車帷。這絕無問題。

第二，虎冟；郭氏云：「『虎幃冟衰里幽』與彔伯㦰毀之『虎冟窠裏』，吳彝，牧毀，番生毀，毛公鼎，曼盨，師兌毀等之『虎冟熏裏』同例」。（郭說下文，未敢茍同，不具引）。

第三，虎依；此卽儀禮禮記之所謂斧依，或斧㞕。不過，儀禮和禮記中有兩個錯誤。第一，斧㞕之斧，不應作斧而應作虎。這大概是漢儒口授之際，以聲同而致誤的。第二，扆卽依之別構，不應从戶而應从尸。仁字古文作𡰥，可證（金文人尸夷三字形近，人作入（盂鼎），夷作入（毛公鼎），尸作乁（兮甲盤）。）

虎幃是圍在車子周圍的，虎冟是罩在車子上面的，虎依是安置在車中的，皆所以蔽風雨者。本來是一套東西，故鼎銘的作者簡稱之爲虎幃冟依耳。又鼎銘中所錫之形弓彤矢，亦被合寫成彤彡去了。此足證我們這位古代的銘刻家實是一個大大的懶人，厭惡麻煩而歡喜簡略。

釋䍃

陶　免盤銘云：「易（錫）免鹵百陶（陵）」。郭氏云：「陵字與隮字之結構相近，从田乃缶屬，大約卽盛鹵之器也」。（兩周，第九十一頁）郭說頗富於暗示，假如我們用考釋隮字的方法去考釋它，便有認識它的可能。隮爲尊之緐文，阝傍爲其附益的部份。隮字的阝傍也是多餘的，我們不妨把它除去。不過在叀字的構造上，還有緐縟的部份存在，其性質與師虎毀的取字相同。金文祖字多作且，而師虎毀之祖字則作𠭴。郭氏云：「取字从又且聲。蓋助之異文，叚借爲祖」。（兩周，第七十四頁）我們如法泡製，也可以說叀是搖之異體而搖又是畬之緐文。關於搖字，到後面再講。

那末，畬是什麼字呢？畬从肉从由，在最初，自然是專用來盛肉的由，故从肉。後來雖用以盛傍的東西而仍稱之日畬。說文甾字注云：「東楚名缶日甾」，海寧王氏已證明甾爲由之譌變，而由卽由字。（觀堂集林卷六，釋由）而李陽冰又謂由卽缶字，（王氏謂李氏所據，乃六朝舊說）。是畓字从由固可，从缶亦可。从夕从缶，當爲䍃字。

揚子方言云：「甖，淮汝之間謂之䍃」；廣雅云：「䍃，瓶也」

隓既應釋䍃，則錫免鹵百䍃的意思，是用不着贅說的了。

我們在前面說過，叟爲搯之異文，畓既爲䍃，則搯當是搖了。緣从又與从才同意，如敢的古文作敔，而敭的今字作揚，此可證又可變而爲文。而文又可變而爲才了。

搖實爲標音而兼表意的文字，从手从䍃，且以䍃爲聲，所表示的爲以手提䍃，而䍃隨手前後動盪的意象。

今字書中從䍃的字，大都是從搖的意象孳乳出來的。保留着䍃的意象的較少。例如：

愮　心的搖動不安日愮。詩黍離：「中心搖搖」，爾雅釋訓作愮愮。

遙　通搖。逍遙亦作消搖。禮記檀弓：「孔子蚤作，負手曳杖，消搖于門」。詩清人：「河上乎逍遙」，釋文本又作消搖。遙遠的意思，實是由消搖一類的意象發展出來的。

謠　詩園有桃：「我歌且謠」。傳云：「徒歌日謠」。國語晉語：「辨妖祥於謠」。注云：「行歌日謠」。禮記檀弓：「咏斯猶」。注云：「猶當爲搖，謂身體動搖」。從上面所引各書的注解看起來，身體的律動及聲音的律動，當爲謠字所根據的意象。又傳來傳去的話，俗謂之曰謠言。

䠛　方言云：「䠛，跳也。陳鄭之間曰䠛」。

榣　說文云：「樹動也」。

颻　文選幽通賦注：「飄颻也」。

鷂　方言云：「遙，疾行也。南楚之外或曰遙」。所以俗稱疾飛之鳥曰鷂子。說文云：「鷂，鷙鳥也」。

上舉諸字，都是從搖的意象孳乳出來的。

瑤　詩木瓜：「報之以瓊瑤」。由歌謠的謠，發展而爲美的意思，故玉之美者曰瑤。

媱　說文云：「曲肩行貌」。美好也。

上舉二字，當從謠字孳乳而出。

窰　一切經音義引蒼頡篇：「窰，燒瓦竈也」。然而从穴从缶的窰，不應單是燒瓦之竈。故一切經音義所引通俗文：「陶竈曰窰」，更爲合適。

傜　彳象道路，携缶於道上，實有負戴於道路之象。故傜有役誼。周禮春官：「冢徒百有二十人」。注：「此民給傜役者」。禮記王制注：「不給其傜役」，釋文本又作繇。

繇　字从系，以糸系之，有強迫其給役之意。

从缶之字而保存着原來的缶的意象的，僅上舉三字而已。

釋䌛

[illegible]　甲骨文中，此字屢見。金文中亦有此字。塱鼎銘云；「唯周公于征伐東夷，豐伯尃古，咸𢦏。公歸，禦

於周窮。戊辰，酓（飲）秦酓（卽秦酒之意），公賁塱貝百朋，用作尊鼎」。（據于省吾氏釋文，雙，上三二，第一頁）

塱鼎的拓墨，我沒有看見過。郭沫氏的兩周金文辭大系裏面沒有收，連羅振玉氏的三代吉金文存裏面也沒有著錄，而立厂影本又找不到手，因此，𥜽字的金文到底是怎樣寫的，我不知道。不過，根據隸化的方式說起來，塱鼎的𥜽字，應卽甲骨文的𥜽字。羅振玉氏云：「𥜽象兩手奉鷄牲于示前，或从一手（羅氏待問篇，第十五頁）。羅氏所云，雖非全錯，但是，如果我們把隹字當作整個的鷄看，則此字就無法考釋了。𥜽是祭名，這是不容疑議的，而𥜽祭的行事，就是現在我們也還是常常看見，不過大家沒有注意罷了。殷人的俗習，能夠一直保存於數千年之後，這在民俗學上應該是多麼有趣的問題！

我們在迷信甚深的人家，常看見有人患病的時候，便去請巫婆道士來禳除厲殃。這些巫道們所作的法事，自然是花樣百出，種類繁多。可是，最習見的是把一隻雄鷄殺掉，撏下幾根毛來，就用鷄血來把它黏貼在神主牌上或符籙上，以禁禦妖魔鬼怪。這雖是近世尚能見到的俗習，却有很古的起源。現在只要把⿱𦥑示字考釋出來，就可以證明我們的說法之非誣。

考釋⿱𦥑示字的第一步，便是除去它的兩隻手，因爲這是繁縟的部分。散氏盤的農本作⿱𦥑辰，今已不存兩手。其他要字古文作⿱𦥑女，票字古文作⿱𦥑火，均足證⿱𦥑示所从之臼，可从取去。

第二步，我們須要證明隹字可以變成毛字。我們知道，在古文裏面，鳥隹二字是相通的。如金文的鳧字，便被寫成⿱隹几字去了。又鶴氅衣的氅，本來从鳥作鷩。但此字从鳥，並不合理，因爲用以製成衣服的是鳥的毛而非鳥本身，故字改从毛，作氅，氅行而鷩廢。同樣的，黏貼在神主牌上的是雞毛而非雞，故从隹之集，後亦變成从毛之⿱毛示了。

今字書有⿱毳示而無⿱毛示，惟以集之古文作雧推之，則⿱毛示亦⿱毳示也。集的古文之所以从三隹作雧者，因爲要有多數的鳥同棲於一木之上，始可謂之集；而⿱毳示之所以从三毛，亦因貼在神主牌上的毛不必一定是一根，而常是兩三根的緣故。

至於甲骨文的⿱隹示字所从的隹，通通是倒書，這是有理由的。因爲把鷄毛貼在神主牌上或符籙上，均給人以倒懸的印象，故隹字全是倒書。

𥜹，說文云：「數祭也。讀若春麥爲𥜹之𥜹」。許說毫無根據，徐鉉已言之。徐云：「春麥爲𥜹，今無此語」。又博雅云：「𥜹，謝也」。這倒保存着𥜹字的古誼。蓋古人於禳除疾病之初，所舉行的是𥜹祭，而於病癒謝神之際，所舉行的也是𥜹祭，𥜹字因而得到了謝的意誼。後來字誼愈加擴大，凡一切謝神之祭，皆名之曰𥜹。今觀塱鼎之意，乃周公伐東夷，大勝而回，故舉行謝祖之祭於周廟，並饗宴部下，慰勞士卒。

卜辭中的𥜹，亦是謝神祭。

貞𥜹馬干祖（拾，第三頁，第十一片）

壬子卜㱿貞⿱毛彝馬（藏，第二百四十八頁，第二片）

馬應讀禡，正如甲骨文帝之讀爲禘，𡖅之讀爲祭。說文云：「禡，師行所止，恐有慢其神而祀之日禡」。禮王制：「禡於所征之地」。又周禮春官：「肆師凡四時之大甸獵祭表貉則爲位」。註：「貉，師祭也。莫駕反」。疏：「師祭者，爾雅云，『是類是禡』，故知貉爲師祭也。祭先世創首軍法者也」。從周禮的註疏看起來，禡也是一種崇德報功的謝神祭。在卜辭中，⿱毛彝禡二字連用，決非偶然。

癸酉卜貞王賓祖甲⿱毛彝，亡尤。（前第一卷第二十頁，第一片）

貞勿取（郭讀爲棷）唐湯⿱毛彝（甲，第一卷，第十八頁，第八片）

彝字在此兩片，亦當爲謝祖之祭。

釋幾

𢆶 師旅鼎銘云：「唯三月丁卯，師旅衆僕不從王征于方，𩁹雷吏使氒友弘㠯告于白懋父，才莽。白懋父迺罰得𢆶古三百寽，今弗克氒罰。懋父令曰「義宜敊播䖒諸氒不從氒右征，今毋敊，斯又有內納于師旅」。弘㠯告中，史使書。旅對氒貿概于隮彝」。（據郭氏釋文，兩周，第二十六頁）

這一篇銘文的意思，是可以懂得的。大概是有一個名叫師旅的貴族及其衆僕，不肯從王出征夷狄。𩁹於是使其寮友名弘者去告訴白懋父。白懋父便處罰他。罰得𢆶古三百寽（郭云：三百寽上冠以古字，下與今爲對文，知寽於殷周之際，曾加改革。其度量衡等必亦然。殷寽必重於周，故言「今弗克氒罰也」）。師旅現在却罰不起。白懋父於是乎命曰：「你既拿不出錢來，那你就得搬走（白懋父因爲師旅既不出力，又不出錢以保衞民族利益，所以要播遷他到僻遠之處去，不許他享受國家的保護）！叫你搬走，你又不肯。那末，你還是得把款子繳納到軍隊上來」。弘後來把這件事情的經緯告訴了中，要他寫在史册上，而師旅亦鑄器以紀其梗概。

由銘文全體的意思看起來，可知上文所罰得的古三百寽，並非現款，而是期票，假如所罰得者爲現款，則下文通通變成了廢話。所以𢆶字在此地所表示的必爲「非現款」的意思。郭隸定爲㬎，于隸定爲⿱罒絲，並失之。

考番生毁的𤔲字作𤔲，齊侯壺的𤔲字作𤔲，克鼎的緟字作緟，所从之爪，均與𢆶字所从者同。（𤔲緟二字所从的爪，雖然是和下面的8的延長了的筆畫連結起來的結果，才變成了𠄌的形態，但是我們得注意𢆶字下面的一部份，也正是兩個8。）所以，𢆶實應隸定爲⿱𢆶又。今字書無此字，却有⿱𢆶又字。我們知道甲骨文受字作受，金文作受，又變成了爫，此可證又爪相通，不過，若把𢆶字寫成⿱𢆶又的樣子，實在是和把受字寫成受的樣子一樣的難看，爲維持字體的均衡的美感起見，才將又字移到下面來，寫作⿱𢆶又，故⿱𢆶又⿱𢆶又實爲一字。集韻云：「幾古作⿱𢆶又」。玉篇云：「⿱𢆶又，期也」。詩小雅：「卜爾百福，如幾如式」。疏云：「所以與汝者百種之福，其來早晚如有期節矣」。如幾爲如有期節的意思，則幾古三百乎，自然是附有日期的古三百乎了。

幾古三百乎這句話，實在有點詰屈聱牙，恐難取信，但我們還可以找傍的例子來證明𢀛之確爲幾字。可是，這得跑到甲骨文字裏面去找去。

乙亥卜㝊貞翌乙亥酌𢆶（海寧王氏隸定爲𢀛）易日，乙亥酌充易日。（前，第七卷，第七頁，第二片）

韻會云：「幾，將及也」。爾雅釋詁云：「近也」。易中孚：「月幾望」。幾望與幾易日，實同一筆法。（易日二字，究竟是什麼意思，雖然不能斷言，其爲天文學上或氣象學上之用語，則殆無疑議。）

乙未酒（王釋酌，非。郭釋酒，是也。甲骨文酒酌二字混用）[illegible]（王隸定爲𢆶，郭隸定爲𦃃）品，上甲十，報乙三，報丙三，報丁三，示壬三，示癸三，大丁十，大甲十。（後上，第十頁，第十四片；戩第一頁，第十片）

王氏曰：「此中日十日三者，蓋謂牲牢之數」。王氏所云，是沒有問題的，但他只知道十與三之爲牲牢之確定數，而不知道𢆶之爲酒的種類的未定數。左傳信二年：「亦日無幾」。玉篇云：「幾，幾多也」。易乾卦：「品物流行」。疏云：「品類之物，流布成形」。品爲品類，則酒幾品，即酒若干種的意思。從上引兩條卜辭看起來，釋𢆶爲幾，大概不至於錯到那裏去。

釋構

[illegible]　這個字有很多種類的寫法；番生𣪘作[illegible]，諫𣪘作[illegible]，克鼎作[illegible]，[illegible]鼎作[illegible]，因而隸定的方式也就很紛歧。有定爲[illegible]者，有定爲[illegible]者，又有定爲[illegible]者；三者之中，當以第一種爲最善。

[illegible]字的構造頗繁縟，欲釋此字，必先去其附益的部份而後可。考金文[illegible]或又从女作[illegible]，執或作[illegible]，[illegible]或作[illegible]；是从丸从女之[illegible]，可去其女字。至於[illegible]之隸化方式則有二；一爲丮或丸，如[illegible]，執，[illegible]等字所採用之方式是也；一爲才，如揚字所採取之方式是也，（金文[illegible]字今作揚）。在考釋[illegible]字的時候，我們只能採取後一方式，假如採取前一方式，便不成其爲字了。又[illegible]字所从之[illegible]，今人多隸定爲[illegible]，其實應定爲[illegible]。甲骨文朋亞或作[illegible]（後下，第八頁，第五片）而金文之[illegible]

（齊侯鎛），今作業，此可證丠之應隸化爲丵。把隸化方式弄清楚了之後，再來釋此轂字，就易如反掌了。字从才从丵，可書作拝。這是什麼字？豈不是已經認識了一大半了麼？現在牘下的問題，就只有丵作下面的井字了。查篇海收有構字別體作搆，丗下所从的正是井字。假使篇海所收之字有所依據，而非杜撰，則轂之應釋爲構，是斷斷乎不容否認的。

國策秦策：「秦楚之兵，構而不離」。註：「構，連也」。齊策：「秦楚構難」。注：「構，連也」。並構訓連，而連有並誼。史記大宛傳：「並南山」。並，連也。今俗語連字，亦作並字解；如茶壺連茶杯，地皮連房屋之類。構字在金文中，就是當作並字的意誼用的。

叔夷鐘銘云：「余命汝裁(職)差(左)正卿，搆命于外內之事」。即余命汝司左正卿之職，並命于外內之事。

毛公鼎銘云：「及茲卿事寮，太史寮，于父即尹，命女(汝)搆嗣公族，雩(與)參有嗣，小子司氏虎臣，雩(與)朕褻事」。即命汝一並管理公族與參有司等等。

克鼎銘云：「易(錫)女(汝)田于寒山，易女史小臣靈龠(籥)鼓鐘，易女井遄𩛥人，搆易女井人」。此即錫汝以寒山等等之外，並賜汝以井人之意。

番生毁銘云：「王命搆嗣公族卿事大史寮」。搆嗣亦並司之誼。

師𢾊毁銘云：「余命女(汝)死(尸)我家，搆嗣我西偏東偏僕馭百工牧臣妾」。即命汝主宰我家，並管理我東偏西偏僕馭等等的意思。

穻鼎銘云：「遣仲命穻，搆𤔲鄭田」。搆𤔲亦並司之誼。

微䜌鼎銘云：「王命微䜌，搆𤔲九陂」。搆𤔲亦並司之誼。

伊𣪘銘云：「王乎（呼）命尹封冊命尹，搆官𤔲康宮王臣妾百工」。搆官𤔲即一並管理之意。

師兌𣪘銘云：「余既命女（汝）正師龢父𤔲左右走馬，今余唯𤕌𦎫乃命，命女搆𤔲走馬」。搆𤔲走馬即並任走馬之官也。

諫𣪘銘云：「先王既命女搆𤔲王宥（囿）」。搆𤔲亦並司也。

鄭𣪘銘云：「昔先王既命女作邑，搆五邑祝，今余唯𤕌𦎫乃命」。祝，說文云：「祭主贊詞者」。搆五邑祝，卽命女作邑之外，並命汝爲五邑之祝也。

釋柎

敹　沇子毁銘云：「也（人名）用褱敹我多弟子」。郭沫若氏隸化爲敄，讀爲柔（兩周，第四十八頁）從文誼上說起來，郭說可通，故于省吾氏亦引用其說（雙，上三，第二頁）。然而此字確非柔字。

此字的癥結，在於所从之夭。夭究竟是什麽東西？

查金文走字作𧺆。走字爲什麽从夭，从止？今按夭字原來是人的象形，而止（卽足趾的象形）所表示的意象則爲前進。董作賓氏講御字的時候說：「御本象執鞭之人，或加彳，止，以表在途中御車進行之義」。（安陽發掘報告第四期釋「馭𤼷」）。止所表示的爲前進的意象，故止舟爲歬，止戈爲武（手持干戈，奮勇向前，謂之武。這和左宣十二年，楚子所說的止戈爲武的意思完全相反，楚子所云，實爲哲學的曲解）。㞢字正象一個人在向前邁進，故有走誼。

又金文奔字作𨑍（盂鼎）亦象人的前進。其所以从三止者，蓋以量的增加來表示速度的加快，故𨑍有奔馳之誼。从三止，是正規的寫法，然亦有从三十作𢌬者，這當是簡筆字了。在古代，是不是和現代一樣有人在那兒提倡簡筆字，雖不得而知，然古人之嫌麻煩，大概不在今人之下，其寫法之潦草，馬虎，足以驚人。金文編所收的五個奔字之中，便有四個是从三十，而這三十也並不是真正的三個十字，而只是三個乂乂。古人用這三個乂乂來代表三個麻煩的止字，本是權宜的寫法，可是小篆和今隸，完全承襲了古人的錯誤。小篆作奔，今隸作奔。奔字而从三十，看你如何講得。若非盂鼎保存着正確的結構，我們將永遠沒有理解它的一天了。

今隸奔字从大，大象人形；走字从土，土爲大之譌變（去字古文本作夻，从大，今隸亦譌變爲土，可證）。然而古文實非从大，而是从夭的。大夭二字間的區別，決不可忽視。蓋大所象者爲人之靜態，而夭所象者爲人之動態。曲其一橫者，實表示着人於行走之時，一手在前，一手在後，一手在上，一手在下的意象。故夭的正確的隸化，應該是夭，而不是天。今隸誤夭爲大，還可以說是大致不差，因爲大字雖然喪失了古文的動的意象，猶不失爲一個正常的人形。至於小篆走字作走，奔字作奔，却是錯誤。

大今隸作夭。說文云：「夭，屈也。从大，象形」。又云：「走，趨也。从夭止。夭者屈也」。夭的意思爲屈，這和走的意思實在不容易聯繫起來，雖金壇段氏曲爲辯護，而其誤益彰。段氏之言曰：「依韻會訂夭部曰，夭，屈也。止部曰，止爲足。从夭止者，安步則足胻較直，趨則屈」。此說可謂盡附會之能事了。

說文不單是把走字講得不對，連奔字也講錯了。說文云：「奔，走也。从夭卉聲，與走同意，俱从夭」。許氏於此，竟把三個乂乂誤認爲卉字去了。

現在我們已經知道大字所表示的爲人的動態，故不應隸化爲夭，而應隸化爲大。不過，兩千年來，根本上就沒有這樣的隸定方式，現在姑且循俗而隸定爲大罷。大大象人的正面，而人人則象人的側面，故从大與从人同意，因而从大之字，亦可从人。例如：

奓　秦詛楚文：「宣奓競從」。奓即侈字。

⿱大弗　別作佛。廣韻集韻謂與拂，彿通。

今⿰木⿱又大从木从又从大，亦即从人，實爲枎字。說文云：「枎，同拊，凡篆文寸皆作又」。詩小雅云：「拊我畜我」。左宣十二年：「王巡三軍，拊而勉之」。注云：「拊，撫也」。

段銘云：「也用褱枎我多弟子」。褱枎即褱撫的意思。又從這句話的辭意說起來，也應該是懷撫，而不是褱柔。緣懷柔二字，頗含有政策的意味，缺乏誠意，雖可用之於敵人或異族，但對於自家人自以使用懷撫二字爲得體。

⿰禾刂　釋制

⿰禾刂師遽尊銘云：「王呼宰⿰禾刂（人名）錫師遽瑂圭一，章璋四」。⿰禾刂舊釋利，獨許翰郭沫若兩氏反對此說。氏云：「晉姜鼎是下一字似有缺畫，舊釋爲利，亦確。許翰云『⿰⿱工朩刂與福或韵，薛書晉姜鼎「三壽是利與亟德韵，於古音屬之部，皆不應是利字。⿰⿱工朩刂从工刀，朩則刻木彔彔之形，疑即刻字。刻，克通』（古三之二引）案釋刻近是，疑讀爲晐備之晐」（兩．第五十三頁）

許郭兩氏，一反衆說，獨倡異議，可謂卓識。今⿰禾刂確非利，然亦非刻，實爲制字。前人均釋爲利，完全由於誤認彔傍。在一般的場合上，彔自然是字，但禾禾木木二字，亦間有混用的時候，緣禾木近，禾字不過是木上多一丿耳。關於這一點，瑞安孫氏早已言之（見名原上，第十五頁）甚詳，而古文尤其是甲骨文又是木未不分的，故[illegible]字得隸化爲利，此卽小篆之[illegible]制字。又許書收有古文制字作[illegible]，从彡，此卽金文[illegible]，甲骨文[illegible]（前，第二卷，第三頁，第一片）之嫡系子孫（說詳拙著殷契摭佚）。許云：制，裁也。裁卽裁木之意。至於古文所从之彡，殆爲木鋸末之象形。

宗周鐘銘云：「參壽唯制」。

晉姜鼎銘云：「三壽是制」。

禮曲禮云：「士死制」。注：「制謂君命士受命致死也」。又禮禮器云：「大廟之內，敬矣，君親制祭」。制祭亦卽致祭。註謂「朝踐進血之時，君自斷制牲肝，洗於鬱鬯，祭神於室也」。注的說法，未免太曲折。至於三壽是制或參壽唯制，卽致壽於參星之高的意思。

釋紓

免毁銘云：「錫女汝赤市」。舊釋環，釋紟，並非。因爲此字的正規的寫法，並不是兩個圓形，或橢圓形，而是兩個方形。制（舊釋利）鼎銘云：「易錫女汝赤市𦃇旂」。字作，與甲骨文之作（錄，第六百零八片），（藏，第二百十頁，第三片），（後下，第四十一頁，第三片）形者，完全相同，當同爲一字。

著者曾釋爲予，以謂「此字實从二厶，□旣可隸定爲厶，當然可反書作マ，二マ相重而稍延長其在下

之一點，卽成予字」（零，第八頁）。口之應隸定爲厶，絕無問題。大厽並山（後下，第九頁，第一片）的厽字作品，可證。又說文和集韻都收得有一個从兩厶的古文幻字作厽，厽卽反予，則我們在前面所云「二マ相重而稍延長其在下之一點，卽成予字」之說，不爲無據。惟甲骨文㠯字，究竟應隸定爲厽呢，抑應隸定爲𠄢呢？單據字形，這是無法斷定的。但卜辭的辭句，却很明顯的告訴我們，這是𠄢字。

卜貞在山豕㠯告曰从叀戌申制亡（錄第六。八片）

這分明是「予告曰」而非幻告曰。

㠯于多子奠（藏第二百十頁，第三片）

㠯字在這句是主格，自以釋予爲是。

王來𢍰呼㠯（後上，第四十一頁，第三片）

這句是王來呼予的意思。上舉三例，均足證㠯之應釋爲予，而金文的㠯字，又是最好的傍證。

𦟀鼎銘云：「易錫女汝赤⊗市䜌旂」。

戠段銘云：「易錫女汝戠玄衣赤⊗市䜌旂」。

豆閉段銘云：「易錫女汝戠衣⊗市䜌旂」。

查金文絅字作冋，納字作內，純字作屯，而上引豆閉段之戠衣。正是織衣之意。以此例之，則予市當然是紓市了。

詩小雅采菽云：「赤芾（即市字）在股，邪幅在下，彼交匪紓，天子所予」。紓字在此，爲雙關的形容詞。一方面是形容紓緩之交，一方面是形容紓緩之市。詩的意思，大概是說他與人交接之無紓緩之心，正如他的赤市之不紓緩一樣，故正義云：「彼與人交接，自逼束如此（按：所謂如此，卽如赤芾在股之意），則非有懈怠紓緩之心」。由於上引的詩句和金文的辭例看起來，可知古人是常用紓字來形容市的。所謂紓市，卽紓緩之市的意思。

揚段銘云：「賜錫女汝赤⿰予市市⿸广⿱口厶旂」。⿰予市卽紓之或體。从市與从糸同意，故紓亦得从市作⿰市予。

師嫠段銘云：「易錫女汝叔市金黃」。

克鼎銘云：「易錫女汝叔市參同」。

自來金文家對於叔市二字，均不得其解，其實叔卽紓之借字。紓叔同聲，例可通假。

釋則

□ 畢段段銘云：「命龏□遣饋大則于段（人名）」（據于省吾氏釋文，雙，上之三，第四頁）于氏釋□爲則而無說。

凡是研究古文字學的人，誰都知道貝鼎貞三字，在古往往混用。卽如畢段的⿰鼎刂字，卽是應該作𠟭的。因爲貝鼎二字之混同，雖爲古代的事實，然而當其創字之初，却應有所區別。說文云：「則，等畫物也。从刀貝。貝，古之物貨也。𠟭，古文則。⿰鼎刂，籒文則，从鼎」。許說支離得厲害。正因其說之滅裂，我們可以從中尋出則⿰鼎刂二字的區別來。

許氏謂𠟭爲古文則字。然其所謂古文，實卽六國的文字（海寧王氏說），而籒文却作⿰鼎刂，可見从鼎之⿰鼎刂，實爲則之正字。則字也須要从鼎，然後可以理解它的意誼。

許氏云：「則，等畫物也」。此蓋以刀畫分鼎中之物而分之於食者之意。當其畫分之時，尊者長者與卑者幼者之間，必有等級，故段注云：「等畫物者，定其差等而各爲介畫也」。因畫分常有一定的差等，故則又得引申爲法則之誼。

真正的則字，本來从鼎，但許氏以習見六國時人之誤⿰賏刂爲⿰鼎刂，因而附加上兩句，曰：「从刀貝，貝，古之物貨也」。這簡直是畫蛇添足。刀加於貝，貝且毀矣。破破爛爛的貨幣，恐非古人所歡迎，焉有引申爲法則之理。

那末，⿰賏刂字的朔誼究竟是什麼？考說文收有籀文敗字作贁。許氏云：「敗，毀也」。攴（卽殳）加于貝則貝毀，而刀加於貝，也可以表示相同的意象，故⿰賏刂實應爲贁之別構，這和殺（卽殺）

之別構之作剎者，完全爲同樣的情形（以剎爲僧寺，乃後起之誼。關於殺字，說來話長了。問題太複雜，不能在此詳論。希望將來有機會來專論這個問題）。劃既爲敗的別構，而集韻又說敗古作具，是敗具古可互通。故「⿺辶食大則於段」，卽饋大具於段也。豐鼎銘云：「大子易(錫)東大具」，可見大具爲寵錫臣下時所習用之物。

又⿺辶食字原作⿰彳食，于省吾氏讀爲饋。但是从辵从食的⿺辶食，爲什麽就是饋字呢？于氏無說。

集韻云：「饋古作⿸厂貴」，而玉篇所收遺字古文正作⿸广俞（广與厂通，如廈之作厦，廁之作厠，庡之作⿸厂衣）。由此可知从貴之字，可从厂，而从厂之字，又可从辵，故⿺辶食卽饋字。

釋⿱罒止

⿱网止　邵鐘銘云：「余頡⿱网止事君」。郭隸化爲罔（兩周，第二百三十二頁），于隸化爲罡（雙，上之一，第九頁），兩家所定，雖大致不差，然實應定爲⿱罒止，是剛強的剛的原始形，天罡星之罡，即由此出。字从止，止是表示前進的意思，而止前又有網以阻之，這表現着衝破網羅而出的意象。廣雅云：「䩞⿱罒止，無賴也」。性格剛強的人，其行爲是往往逸出於世俗的禮教和國家的法律之外的，在這一點上面，頗類於無賴子。

⿱罒止在邵鐘銘爲頡頏的借字。頡頏二字，本是古代的習用語。詩邶風：「燕燕于飛，頡之頏之」。傳：「飛而上曰頡，飛而下曰頏」。王昭君怨詩：「志念抑沉，不得頡頏」。邶風及怨詩所用者，皆爲其引申誼。

至於本誼，則應如說文所云：「頡，直項也」，「頏，人頸也」。頡頏二字所形容的，當是持正不阿的氣象。故頡[illegible]頏事君，即正直事君之意。

釋般

[illegible] 𠋽兒鐘銘云：「余[illegible]遜兒，故吉金鎛鋁」。郭沫若氏云：「[illegible]當是動詞，殆俾使等字之誼」（兩周，第一百六十三頁）。

今按[illegible]實般字，象幼兒橫戈之形。父丁毀的圖形文字戈作[illegible]，子毀作[illegible]。般字所从之[illegible]，與子毀之圖形正同。戈下的[illegible]，乃是繩索。後來隸變之際，竟把[illegible]譌變成攴。不過，我們不能說這個訛變是完全錯誤，緣从戈與从攴，意誼是相同的（例如盂鼎鬼方之鬼，作[illegible]，从戈；而梁伯戈則作[illegible]，从攴）。都表示着人持武器逼使敵人降服或後退的意象，故有俾使等誼。說文云：「殺，戮也」。「戮，戰盡也」。集韻云：「⿰單攴，一日召使疾行也」。是殺之本誼爲戰盡，其另外的一個意誼，則爲召使。廣韻云：「敀，大打也」。敀字大概有錘擊鍛煉的意思。

殺爲召使，敀爲錘煉，則銘文「余殺𨒪兒，敀吉金鎛鋁」之誼，豈不是昭然若揭？

殺字久廢。唐時，雖尙存此語，却已不知此字。元稹詩遣悲懷：「顧我無依搜藎篋，泥他沽酒拔金釵」。這泥字有勉強之意，應作殺。

釋成

□ 毛公鼎銘云：「剌□金簟（簟）弼，魚葡。在研究□字之前，我們且先來講一講[glyph]字。[glyph]舊釋勅，不誤。但今人多不承認舊說。如容庚氏之金文編尙收此字於待問附錄中，而郭于兩氏亦寫作朿而不加以說明，其不以舊釋爲然，是很明顯的。

查金文[glyph]男（叔男父匜）[glyph]嘉（齊鞄革氏鐘）[glyph]靜（毛公鼎）諸字所从之[glyph]，均與朿字所从之[glyph]近似，惟多一ㄱ形耳。在古人的書法中，本有省去ㄱ的習慣。如萬字姬鼎作[glyph]，辛鼎則作[glyph]。金文編中收有一百四十五個萬字，其中便有十五個是省去了ㄱ的。又禽字禽章段作[glyph]，而大祝禽鼎則作[glyph]，也省去了ㄱ。可見金文時代的書家之省去ㄱ形，爲普遍的現象。則勅字所从之[glyph]，雖無ㄱ形，亦不足爲奇了。

[glyph]，郭隸化爲嵗（兩周，第一百三十五頁），于隸

化爲□（雙，上之二，第十頁）。查金文鑄字作□。（芮公鼎），所从之□，與此略同。

劉嶼霞氏云：「最近又從金文編上找到關於鑄字的各種寫法，它們多半都把煉鍋的形式表現出來了……現在隨便把這些字當中的一個拿來做個例子，就說箇伯簋上的鑄字吧——上邊兩旁是兩隻手，拿着□形的煉鍋，把煉鍋裏面火一般的流質金屬傾到皿裏，所以中从火（但有時从金），底下从皿，這皿所代表者，當爲銅範（安陽發掘報告，第四期，殷代冶銅術之研究）。

據劉氏所云，則鑄字所从之□，乃兩手拿着煉鍋之形。但今隸鑄字，已不从□，而金文亦有省□者，如王人甗作□，虢叔簋作□。如果我們照樣將□的上部省去，就變成了成字。

⿱臼成實成字的繁文。一般的說起來，繁文的附益的部份，並不是完全無意義的。如⿱臼示[illegible]字所从的臼，便是繁縟的一部份，它表示着拿鷄毛貼上神主牌上去的兩隻手。但此字就是沒有兩隻手也無妨礙；因爲，若不用手，則鷄毛斷斷乎不會自己黏到神主牌上去。神主牌上既有鷄毛，必爲兩手的活動的結果，故雖省去兩手，字誼亦甚顯明。關於⿱臼成字，也可以作同樣的解釋。⿱臼成字所表示的，乃金屬用具之完成，是由於煉鍋的冶煉。可是，若沒有煉鍋的冶煉，試問金屬器皿怎樣能夠完成呢？所以，[illegible]作雖有規定「成」的過程的性質，但也是可有可無的，縱然省去，亦無關乎字誼的明晦。

勅成二字，我們在傍的銘文中，也可以找得到。陳猷釜銘云：「余命左關丕發敕成左關之釜」。敕成卽勅成。此二字殆古習用語。

釋勤

□ 師望毁銘云：「望肈刑皇考，虔夙夜，出內納王命，不敢不㒸遂不□」。□字今人多定爲妻，而未能通其讀。其實應釋爲勤。蓋□所象者爲鉗子一類的事物，乃是增強力量的工具，或卽力字的初形，後始變而爲□。

集韻謂勤與勩同，詩小雅：「莫知我勩」。說文云：「勞也」。師望毁的不敢不㒸不勤，卽不敢不順（于省吾氏云：遂，猶順也）不勞之意。師望的職務既爲出納王命，自然以順從王命，不辭勞苦爲其美德。又順勞兩種觀念，在古人的思想中是有密切的關聯的。論語里仁，子曰：「事父毋幾諫，見志不從，又敬不違，勞而不怨」。不違卽順也。順勞兩種觀念，在孔子的腦筋中，也是聯繫在一起的。

又師訇毀銘云：「王曰，師訇，哀才哉！今日⿺尢矢疾畏降喪，首德不克勤，故無承于先王」。郭沫若氏云：「首，謂元首；德，謂君德也」（兩周，第一百三十九頁）。是首德不克勤，卽元首之德，不克勞苦爲民的意思。

釋雝

⿰糸辛 遹毀銘云：「穆王在蒡京，乎呼漁于大池，王饗酒，遹御，亡遣，穆王親易錫遹⿰糸辛」。郭隸定爲⿰隹辛（兩周，第五十五頁）于隸定爲雒（雙，上之三，第十頁）。今按此字从隹从米从干，殆爲雜之別構。

查金文搏，从干不从手。季子白盤銘云：「□（搏）伐厰執」，是从手之字，在金文中可變而从干。故雜字的举傍，也可以隸定爲⿰扌米。⿰扌米，當爲匊之別構，今字書不收此字，但有掬字。

說文云：「在手曰匊」。徐云：「手掬米，會意」。玉篇云：「手中也」。根據說文玉篇所說的看起來，則匊字所从之勹，所表示的是窩凹着的手掌，而非本來的意誼。勹的本誼，許氏謂「象人曲形，有所包裹」。後人不知勹在匊字的場合，所採取的僅是有所包裹之誼，而非象人之曲屈，遂以爲不可解，而另創一掬字。禮曲禮云：「受珠玉者以掬」。疏：「謂手中也」。由禮疏與玉篇所釋之字誼觀之，可知匊掬完全是一個字。根據古文字的構成的原理說起來，此字可寫作匊，亦可寫作⿰扌米。惟寫作掬，是變表意文字而爲標音文字，重疊無謂。

⿱米干从米从干，卽等於从扌从米，亦卽等於从勹从米，故⿰米隹當釋爲⿰糸隹。

遹段銘所紀者，乃王田獵於大池之後，饗宴匽從，而親以田獵所獲之⿰糸隹賞賜與遹。⿰糸隹雖微物，然爲王所親賞，故遹引以爲榮，特銘於段以紀之。

釋莽

⿳艹犬廾　周公段銘云：「王令命⿳艹犬廾眔內史曰，「⿳艹犬廾井侯服服」，易錫臣三品，州人，重人，𦎫人」。郭沫若氏定字爲葬。郭氏云：「葬卽莽之緐文。方言『蘇，芥草也。沅湘之南，或謂之莽』。卽是此字……井侯蓋因就

封開缺，故命㸚繼任其職」（兩周，第三十九頁）

今按舝當爲轄的借字。舝轄均以害爲聲，例可通假。正字通云：「轄亦作鎋。鎋猶管也。轂空轄裏之以金，如管也。管轄之義，取此」。是舝井侯服，卽管轄井侯的職務的意思。由段銘觀之，管轄一語，其源甚遠。

釋揩

𨥝 大段銘云：「大賓豕𨥝章（璋）馬兩。賓嬰𨥝章帛束」。郭定字爲凱（兩周，第八十七頁）。今按凱卽揩字。古文丮字，可隸化爲丮，亦可隸化爲扌。我們在釋搆的時候。已經講過。說文云：「揩，摀也」。又云：「摀，刮也。一日撻也」。所謂揩章，殆經過摩刮之璋。

 釋啤

敔毁銘云：「囊孚俘人四百，圖于𤞷白之所，于𤉡衣諱，復付氒君」。郭定字爲諱，其言曰：「囊卽後世奪字所從出。令鼎奮字作𡙕，可證。圖殆野宿之意。諱字从言从聿，殆猶後世登錄之意。謂奪還被俘虜之人四百，暫寄于𤞷伯之所，在𤉡施以衣履，詳經登錄之後，再歸還其主人」（兩周，第一百一十頁）。

今按諱卽啤字。古文每每言口通用。如信字古文作㐰，卽其證。集韻云：「啤，聲也」。集韻釋諠，惜乎語焉而不詳。啤字从口从聿，實表示着口述而筆記的意象。郭氏謂其有登錄之意，至確。

 釋遄

秦公毁銘云：「目卲皇祖，毄其嚴𢓊格」。于省吾

氏隸化爲⿲彳⿱山王尤。其言曰：「⿲彳⿱山王尤疑徵之或體，徵格猶言昭格。爾雅釋言：徵，召也。召昭古通」（雙，上之三，第十八頁）。郭沫若氏則隸化爲⿺辶⿰𠂤尤，讀爲歸（兩周，第二百四十七頁）。我們對於兩氏所言，均未能置信。

今按此字實應隸化爲⿺辶⿰⿱山王尤，字書所無。查从尤之字，多與行走，緩速等誼有關。如：

尪　辛苦行不得貌。

尬　尲尬行不正貌。

⿺尢巳　行不正也。

⿺尢䍃　委⿺尢䍃行病也。

⿺尢畏　行不正也。

⿺尢奇　蹇也。又一足行曰⿺尢奇。

⿺尢褱　⿺尢褱⿺尢褱病痱，一曰行疾也。

⿺尢區　足大也。亦曰惡行也。

⿺尢萑　行貌。

⿺尢丵　不能行也。

⿺尢覓　跛不能行，爲人所引曰⿺尢覓⿺尢𤔔。

⿺尢雚　行不正也。

⿺辶⿰先尤从尤，也當是屬於這一類的字。字彙補收有遄字古文作迮。説文云：「遄，往來數也」。玉篇云：「疾也，速也」。由秦公段銘之文意觀之，⿺辶⿰先尤殆迮之繁文。易損卦：「已事遄往」，詩衛風：「遄臻於衛」。遄往，遄臻。與段銘之遄格，語例正同。

金文研究　三十四　孔德研究所

跋

從去年十月起，我開始了金文的研究。到今年七月底，大概把上海書肆中所能購買到的金文文獻通通看了一遍，間或也得到一些心得。入秋以來，乘着金風送爽，燈火可親的時候，才提起筆來寫。把半年來往還於心中的一些思想寫出來，於是乎成功了這薄薄的一本册子。

書成之後，彷彿有幾句話須要向讀者說一說，所以就在這書尾巴上來跋幾句。

首先想提到的便是我們研究金文的方法。

金文本來是中國古文的一種，照道理說起來，其研究的方法，當然與其他的古文字的研究方法無殊。但是，金文的字形之變化，比較繁多，不單是字體的形態不同，連構成要素也互異。例如一個鬼字，便有⿰示鬼，⿱由攴，⿰鬼攴等三種寫法。從考釋上說起來，實比其他的古文字困難。加之以金文學已有將近千年的歷史，無數的聰明睿智之士，曾經爲這些古代的文字而絞腦汁，嘔心血。凡可以考釋的，前人已先我而爲之。賸下來的，差不多都是沒有什麽辦法的了。在目前再來研究金文學，若不採用新的方法，斷難希望有成。我於是大胆的來了一個新的企圖：卽追求文字的構成要素的變化，更進一步而窮究其歷史的發展。

因爲這一新企圖之故，或許又有人要譏之爲「奇特之士」了。墨守成規，每易獲謹嚴之譽，欲求進步，輒難免奇特之譏。這真是自古已然，於今爲烈的現象。余雖不敏，也是以追求學術的進步爲已任的。對於前人的研究成果，可接受者無不樂於接受；至其錯誤，却決不願盲從。在方法上，也不願爲舊法所囿。不管人家怎樣說，宗旨總是如此。知我罪我，任之而已。

間話休提，却說我們採用的方法，如果只限於追求文字的構成要素的變化，則並不能算作推陳出新的東西，緣自來的文字學者，早就知道有別構之說。譬如我們說表就是依，這並不「奇特」，過去的文字學者也都知道竢卽俟，竚卽佇的別構。可是，當我們更進一步而主張冥字所从之六是由兩隻手變化而來的時候，這就有一點「奇特」了。因爲，如欲理解兩隻手何以會變成六字，就得先探求一下六字的歷史。須要注意的，就是這兒的所謂歷史，並沒有帶着時間性；並不是說六字在某一朝被寫成某一形態，而在更前一代又被寫成某一形態；無非是說這個六，在被寫成六之前，還有一長段經過，而已。據我們在釋畀的時候所研究的結果，知道了六字是曾經四個段階發展起來的。今將其四個段階圖示如左：

↓廾（丌）↓大（亣）↓六

由於這種歷史的研究，考釋出來了一千年來無人辨認的字，糾正了誤傳兩千年的冥字的解說。這使我對於我所採用的新方法，增強了信任。我相信倘能將此法用到傍的文字上去，亦必有所獲。最低限度，可以使人避免重蹈許叔重的覆轍。

其次，我想談一談的，就是本書中所徵引的字書的問題。歷來從事於文字學的研究者，大都把說文當作聖經，而抹殺後出的一切字書。好像引用了唐韻集韻，就會降低文字學家的聲價似的。但是，說文果然是聖經麼？不見得。說文正自有其很多的缺點和錯誤。關於說文的

錯誤，近世學人已有不少在從事於糾正。然而這些明知其有錯誤的學者，依舊是絕對不肯引用其他的字書。

我想在此地把說文的缺點和錯誤舉出來檢討一下，這並不是存心尋古人之短，而引以爲快，實是要先知道前人的短處的所在，我們然後才能夠在文字的研究上另闢蹊徑。

說文的缺點和錯誤，約有四端：

第一是遺漏。許叔重生存的時代，雖去古不遠，比後世研究古文字的人們處於較有利的地位，然而那時正當中國歷史上的官僚封建制剛剛成立的時期，交通極其不便，文化的傳播尤多阻礙。許氏雖用盡了畢生的心血在那兒從事於古文字的研究和材料的蒐集，然而爲環境所限，一定有許多材料，如建立於全國各地的碑銘之類，是他所未見到的。誠然他也說過「山川出鼎彝」，但我們知道漢代出土的彝器並不多，許氏所見也一定不廣，則古文之被說文遺漏者，必不在少數。試看金文編及甲骨類篇所收的「說文所無」的文字是怎樣的多呵！說文以後的字書的編者，雖去古較遠，然而他們所見到的材料，或許有許氏所未曾見過的。例如本書所釋的啡字，見於集韻！排字，收於海篇。從這些字之能與金文吻合這一點看起來，足證啡排二字之非後人杜撰，而必有所依據。這使我對於玉篇和廣韻等等後出字書，採取了一視同仁的態度，而不分軒輕於其間。

第二是馬虎。例如𥜽字的內容，相當複雜，這是我們在本書中已經研究過的，然而說文僅云：「數祭也」。又如祼字，說文云：「祭也」。這到底是什麼祭呢？許氏却沒有告訴我們。幸而有文獻可徵，我們還不至於完全走入迷宮（詩大雅傳中，便有此字的詳細的解說）。對於這種馬虎的地方，凡從事於文字學之研究者，都有重新研究而加以闡明的責任。

第三是穿鑿附會。許氏對於冥字所下的解說，已成近人譏笑的材料。如果我們高興到說文裏面去找這一類的附會的地方，多至不勝枚舉。現在只舉幾條來做例子。

一　惟初太極，道立於一，造分天地，化成萬物。

示　天垂象，見吉凶，所以示人也。从二，三垂，日月星也。觀乎天文，以察時變，示神事也。

三　數名。天地人之道也。於文一偶二爲三，成數也。

王　天下所歸往也。董仲舒曰：「古之造文者，三畫而連其中謂之王。三者，天地人也，而參通之者，王也。孔子曰：『一貫三爲王』」。

把說文頭上幾頁翻開，信手拈來，就有如是之多。

第四是人云亦云。說文中有許多解釋字誼的補充句，顯然是從前人遺傳下來的古誼，許氏雖有所師承，其實他並不知道那些句子的真意。例如他在卑字下注了執事者三個字，但是卑字爲什麽有執事者的意思呢？他却茫然無知。試看他說卑字从𠂇甲，就是他完全不理解執事者三個字的鐵證。卑字原來从由从又。兩手捧由，所表示的爲畀與的意象；而一手執由，所表示的爲執事的意象。執事者率爲婢僕之類，故有卑賤之誼。又如蠙字，說文云：「側行者」。側行的東西，到底是什麽？他也不知道，不過是人云亦云。

我們在此地提出說文的缺點來，並不是要證明其一文不值，不過是說用不着像章太炎氏那樣把它當作聖經，而後世的字書也有補苴許氏之功，足供徵引。

更有進者，我們不單是不能因說文有許多缺點和錯誤而置之於不顧，相反的，正因其有缺點和錯誤，更須要去研究。缺憾的補充，紕繆的糾正，正是新的研究的出發點。况說文爲研究古文字之鎖鑰，倘能補充其遺佚，匡正其違誤，則於古文字之研究，大有裨益。

在目前中國的文字學界，與我們持着相反的見解的，有孫海波氏。孫氏云：「故甲金文字，參比說文，其合於許書者，十得三四。刻畫弗應爲多，蓋時有因革，體態殊異。一代有一代之變遷，一代有一代之說解。因時爲說者，勢難冥契。周商相承，文字體態猶殊。况漢之去周，歷時千禩，文字烏能盡同乎？是漢人之說六書，所據者，兩京文字，其于文字後先類別之定名，乃漢人對於文字之假象耳。其韋異於甲金文，猶甲金文之異於原始圖繪也。甲金文之體系，當於甲金文中求之，亦猶說文於六書也。執說文以範古文，吾知其必譸張寡合也。于其不合而強之使合者，迂也。因其異取以非毀許書者，妄也」（古文聲系自序）。

在文字的發展的過程上，誠如孫氏所云：「一代有一代之變遷，一代有一代之說解」。但無論怎樣變遷，只可變文字之形，而不可誤變其構成要素。何以言之。形態的變更，並不違反造字的原理。例如㬎，儘可以變成𥜥，因爲這在造字的原理上，同樣的說得過去。但是，「廾」絕對不可以變成「六」，因爲這是構成要素的誤變，誤變的結果，不單是把冥字弄成了一個不通的字，並且還要貽誤後人，把許多文字學者的頭腦攪得一個昏天黑地。其所以然者，蓋中國文字，（尤其是表意文字）當其構成之時，是用一定的要素來表示一定的意象的，構成要素一變，則其表示的意象全非。職是之故，我們焉得不「於其不合而強之使合」？

又從字誼的解說方面說起來，一個文字的本來的意誼，因時代之變遷，而引伸爲其他的意誼，這是可能的，然而後起之誼，總以從朔誼中能夠誘導得出來爲原則。若因時代之進展，而對於一個文字竟作風馬牛不相及的解說，烏乎可？例如示字，根據甲骨文字的研究的結果，我們知道它是神主的象形，然而許叔重却說：「天垂象，見吉凶，所以示人也。从二，三垂，日月星也。觀乎天文以察時變，示神事也」。這種皮傅之談，我們決不能以時代之變遷爲理由而加以容認。所以，根據甲骨文金文來糾正後世文字如小篆今隸等的錯誤，正是文字學者的任務。孫氏何以斥之日迂日妄？

最後，本書所徵引的學說，差不多都出自郭鼎堂先生。鼎堂是著者的同學前輩。他的兩周金文辭大系的規模之宏偉，在中國金文學史上，誠所謂邁古超今。一千年來，金文學家辛勤研究的成果，不消說是攝取在大系之中的，而鼎堂自身創獲之豐，又有遠邁前人者在。因此，我寫這本小册子的時候，大概都是利用他的著作。他給了我不少的便利和暗示，這是我應向這位前輩致謝的。

中華民國二十九年秋李旦丘跋於上海孔德研究所。

引用書名簡稱表

兩周	兩周金文辭大系攷釋	郭沫若著
雙	雙劍誃吉金文選	于省吾譔
前	殷虛書契前篇	羅振玉編
後	殷虛書契後篇	羅振玉編
藏	鐵雲藏龜	劉　鶚編
拾	鐵雲藏龜拾遺	葉玉森編
零	鐵雲藏龜零拾	李旦丘編
誠	誠齋殷虛文字	孫海波編
甲	龜甲獸骨文字	林泰輔編
戩	戩壽堂所藏殷虛文字	王國維編
粹	殷契粹篇	郭沫若編
天	天壤閣甲骨文存	唐　蘭編

鐵雲藏龜零拾附錄

甲骨文錄

孫海波編

勘誤表

頁	行	誤	正
目次	八	柎	椒
十一	十七	夕	夕
十五	十五	讀禡	讀爲禡
十九	七	離」。註：	離」。構通作構。註：
二十	十五	柎	椒
二二	十八	今欶	今欶字
二八	二六	魚葡	魚葡」
三四	十一	遄臻。	遄臻，
三六	十三	過，而	過而
三七	二十	海篇	篇海
四十	十四	變選	變遷

孔德研究所叢刊之四

金文研究

一册

中華民國三十年七月出版

每部定價國幣六元
外埠酌加郵費匯費

著作者 李旦丘
編輯者 孔德研究所
發行人 陳濟川
發行所 來薰閣書店
北京琉璃廠一八〇
分售處 來薰閣書店
上海威海衛路禾吉里九三
及各大書店

李亚农学术成果目录初编

马军　编

（以首次发表时间为序）

一

高尔基的艺术与思想

李宗文　《光明》第一卷第二号（追悼高尔基特辑），一九三六年六月二十五日。

高尔基的艺术和思想

李宗文　载杨晋豪编《一九三六中国文艺年鉴》，上海：北新书局一九三七年六月初版。

二

铁云藏龟零拾[一]

江津李旦丘编　孔德图书馆丛书本（二），上海：中法文化出版委员会一九三九年五月初版。

三

古代文字学的方法论

李旦丘　《学术》第三辑，一九四〇年四月。

古代文字学的方法论

李旦丘　载姜可瑜编著《初学编：甲金文论著选读·甲骨选片》，济南：山东大学出版社二〇一六年五月第一版。

四
殷契摭佚二
江津李旦丘编　孔德图书馆丛书本（三），上海：来薰阁书店一九四一年一月发行。

五
金文研究三
李旦丘著　孔德研究所丛刊本（四），上海：来薰阁书店一九四一年七月发行。

六
殷契摭佚续编四
李亚农著　中国科学院考古研究所特刊本，上海：商务印书馆一九五〇年九月初版。

七
殷契杂释
李亚农　《中国考古学报》第五册第一、二分合刊，一九五一年十二月。

八
中国的奴隶制与封建制五
李亚农著　上海：华东人民出版社一九五四年六月第一版。

九
周族的氏族制与拓跋族的前封建制六
李亚农著　上海：华东人民出版社一九五四年九月第一版。

一〇
殷代社会生活七
李亚农著　上海：上海人民出版社一九五五年六月第一版。

一一
『长田盉铭释文』注解
李亚农　《考古学报》第九册，一九五五年九月。

一二
西周与东周[八]
李亚农著　上海：上海人民出版社一九五六年十一月第一版。

一三
『大蒐』解
李亚农　《学术月刊》一九五七年第一期，一九五七年一月十日。

一四
欣然斋随笔
李亚农　《学术月刊》一九五七年第四期，一九五七年四月十日。

一五
斥史学界右派
李亚农　《学术月刊》一九五八年第二期，一九五八年二月十日。

一六
厚今薄古与兴无灭资
李亚农　《解放日报》一九五八年五月十七日，第三版。
厚今薄古与兴无灭资
李亚农　载上海人民出版社编辑《历史研究必须厚今薄古：论文集》，上海：上海人民出版社一九五八年六月第一版。

一七

从『管子』的『问篇』看战国时代的社会构成九

李亚农 《解放日报》一九六一年三月七日，第四版。

从管子的几篇文章来看战国时代的社会

李亚农 载上海社会科学院历史研究所编《史苑英华——上海社会科学院历史研究所论文精选》，上海：上海社会科学院出版社二〇〇八年七月第一版。

一八

中国的封建领主制和地主制一〇

李亚农著 上海：上海人民出版社一九六一年五月第一版。

一九

论承前启后——《欣然斋史论集》的总序

李亚农 《学术月刊》一九六二年第六期，一九六二年六月十日。

二〇

欣然斋史论集一一

李亚农著 上海：上海人民出版社一九六二年九月第一版。／《李亚农史论集》，一九六四年九月第一版第二次印刷。／《李亚农史论集》，一九七八年十一月第一版第三次印刷。

二一

论钱舜举在中国美术史上的地位

李亚农著 载中华书局上海编辑所编辑《中华文史论丛》第二辑，北京：中华书局一九六二年十一月第一版。

二二

华中建设大学概况

李亚农、夏征农 载中央教育科学研究所编《老解放区教育资料》（三）解放战争时期，北京：教育科学出版社一九九一年四月版。

注释

一　目录见下：序，凡例，九三片甲骨拓墨，考释（从第一片至第九三片），追记二则，考释勘误。

二　目录见下：序，凡例，考释（第一片至第一一七片），一一七片甲骨拓墨。

三　目录见下：释冉，释依，释畚，释橐，释几，释搆，释柎，释制，释纾，释则，释坙，释𣪘，释成，释勒，释雒，释萻，释搳，释𠯋，释遄，跋。引用书名简称表，勘误表。

四　目录见下：自序，述例，三四九片甲骨拓墨，考释（第一片至第三四三片）。

五　目录见下：序，一、殷代的奴隶制，二、周族的社会制度，三、周族的生产力，四、黑劳士的问题，五、殉葬的问题，六、周族统治殷族的政策，七、周族的氏族组织与军事组织，八、金文中的奴隶，九、大规模的奴隶生产与农业小生产，一〇、西周是奴隶制社会，一一、井田制的问题，一二、农民的负担，一三、农民与奴隶的暴动，一四、从奴隶制社会到封建制社会，一五、铁的生产工具的出现，一六、封建割据与等级制，一七、春秋战国时代的奴隶，一八、行会的问题，一九、商业资本的发展，二〇、春秋战争时代的地租形态，二一、春秋战国时代的城市，二二、春秋战国时代的生产关系及其阶级斗争，二三、中国封建制社会的农民的特殊性，二四、春秋战国时代的经济思想和劳动观念，二五、从诸侯割据的封建制到中央集权的封建制，结语。

六　目录见下：绪论；前编　周族的氏族制（一、氏族制的特征，二、婚姻制度，三、氏族组织，四、土地公有，五、复仇、战争及其他，六、前编结语）；后编　拓跋族的前封建制（七、拓跋族的氏族生活，八、南朝的封建制社会，九、转形期的婚姻制度，一〇、俘虏、奴婢、僮仆、隶户，一一、均田制及农民的负担，一二、佛寺及其他各种封建的土地占有，一三、军事组织，一四、后编结语）。

七　目录见下：序，第一章、殷族的起源及其活动的区域，第二章、一夫一妻制的确立，第三章、氏族组织及宗法制度的崩溃，第四章、殷代的社会经济情况，第五章、高级阶段的奴隶制，第六章、国家的形成，第七章、文化的起源——文字的创造，第八章、天文学和历法，第九章、艺术的繁荣和奴隶主的奢侈生活，第一〇章、殷代的建筑和殷人的生活习惯，第一一章、奴隶制社会的意识形态，跋。

八　目录见下：序，第一章、中国古代的民族问题，第二章、周初诸民族的分布，第三章、生产工具与黄土层，第四章、周初的民族斗争，第五章、西周的奴隶制，第六章、西周几个国家的奴隶制，第七章、从费誓来看鲁国的社会，第八章、周初土地占有和奴隶占有的情况，第九章、周宣王的政治改革，第一〇章、封建割据与封建领主，第一一章、春秋时代的农民、工商业者及其他，第一二章、知识分子阶层的出现，第一三章、春秋时代的封建思想，第一四章、由春秋而战国——中华民族的形成过程，跋。

九　此文系李亚农著《中国的封建领主制与地主制》第七章中的一节。

一〇　目录见下：序；第一章、中国古代的公社制度（一、中国最古的农村公社，二、高级阶段奴隶制下面的农村公社，三、周族的农村公社，四、建立奴隶制国家以后的周族的农村公社，五、作为户口编制基层组织的里和社的关系，六、社神、社宫、社祭、社供，七、农村公社的残骸在中国社会中所起的作用，八、关于社的两三个争论）；第二章、铁制生产工具的使用、广泛使用和普遍使用时期（一、开始使用铁的时期，二、广泛使用铁制生产工具的时期，三、普遍使用铁制生产工具的时期）；第三章、西汉时代的社会经济情况（一、西汉时代的土地所有形态，二、西汉时代的阶级关系及依存于这些关系的分配形式）；第四章、中国古代的赋税制度和土地所有形态的关系及其变革（一、西周的赋税制度，二、西周奴隶制的崩溃，三、春秋时代的社会制度及其赋税制度，四、春秋各国的赋税制度的改革，五、战国初年的魏国的社会经济情况及其田赋制度）；第五章、商鞅变法（一、社会经济方面的改革，二、从秦的爵制来看商鞅的改革，三、商鞅在其它各方面的重大改革）；第六章、战国时代的社会经济情况（一、战国时代的封君没有享有封建领主的特权，二、战国时代的土地所有形态及其阶级构成）；第七章、从管子的几篇文章来看战国时代的社会（一、从问篇来看战国时代的社会构成，二、封建地主的剥削方式和农民的生活状态，三、重令篇中关于专制主义的理论）。

一一　目录见下：总序；中国的奴隶制与封建制；周族的氏族制与拓跋族的前封建制；殷代社会生活；西周与东周；中国的封建领主制和地主制。附录：本书征引诸家甲骨文著作简称表。

『他人研究李亚农及其成果』文献目录初编

马军 编

（以首次发表时间为序）

一

图书介绍：《铁云藏龟零拾》［李旦丘编，孔德图书馆丛书本（二），中法文化出版委员会一九三九年五月版］

梦甲室　《图书季刊》新第一卷第四期，一九三九年十二月。

二

书林偶拾：《铁云藏龟零拾一卷附考释一卷》（江津李旦丘编，孔德图书馆出版）

波　《中和月刊》第一卷第二期，一九四〇年二月一日。

三

出版界消息：二《铁云藏龟零拾》（李旦丘编，中法文化出版委员会一九三九年五月版）

容媛　《燕京学报》第二七期，一九四〇年六月。

四

评《铁云藏龟零拾》［李旦丘著，孔德图书馆丛书本（二），一九三九年版］

唐兰　《文史杂志》第一卷第七期，一九四一年七月一日。

评《铁云藏龟零拾》［李旦丘著，孔德图书馆丛书本（二），一九三九年版］

载　唐兰著《唐兰全集》二，论文集上编二，上海：上海古籍出版社二〇一五年十一月版。

五

图书介绍：〇三二《殷契摭佚》（李旦丘编，孔德图书馆丛书本，一九四一年来薰阁书店印）

《中法汉学研究所图书馆馆刊》第一号，一九四五年三月。

六

评李亚农先生对北魏社会的研究——关于『周族的氏族制与拓跋族的前封建制』的后编

王兴业　《文史哲》一九五五年第一二期，一九五五年十二月一日。

七

对李亚农先生『中国的奴隶制与封建制』与『殷代社会生活』二书的几点意见

李鸿哲　《光明日报·史学（九四）》一九五六年十月二十五日，第三版。

八

评『中国的奴隶制与封建制』

《读书月报》一九五六年第一一期，一九五六年十一月二十四日。

九

评李亚农同志关于拓跋族社会历史的著作

田远　《历史研究》一九五六年第一一期，一九五六年十一月。

一〇

论北魏社会经济的性质问题——评李亚农先生关于『拓跋族的前封建制』的理论

粟寄沧　《武汉大学人文科学学报》一九五七年第一期，一九五七年三月。

一一

历史科学的研究和批评问题——读两篇评论李亚农同志的历史著作后的几点意见

徐薺甘　《学术月刊》一九五七年第四期，一九五七年四月十日。

一二
学术动态：李亚农新近写成《中国的封建领主制和地主制》
栗式祖 《人民日报》一九六一年五月二十一日，第五版。

一三
《中国的封建领主制和地主制》简介
朱群 《学术月刊》一九六一年第七期，一九六一年七月十日。

一四
上海社会科学院历史研究所所长李亚农同志逝世
《解放日报》一九六二年九月三日，第一版。

一五
李亚农同志在上海逝世
《人民日报》一九六二年九月四日，第二版。

一六
李亚农同志简历
《解放日报》一九六二年九月四日，第一版。

一七
李亚农的遗著《欣然斋史论集》即将由上海人民出版社出版
《解放日报》一九六二年九月四日，第四版。

一八
科学院哲学社会科学部学部委员李亚农逝世
《光明日报》一九六二年九月四日，第一版。

一九

李亚农同志公祭仪式昨举行

《解放日报》一九六二年九月六日，第一版。

二〇

挽亚农，史事千秋在，翰墨一代香

陈同生 《解放日报》一九六二年九月六日，第四版。

挽亚农（散文）

陈同生 《上海文学》一九六二年十月号，一九六二年十月五日。

二一

本刊编委李亚农同志逝世

《学术月刊》一九六二年第九期，一九六二年九月十日。

二二

悼念李亚农同志——学习亚农同志坚持不懈、严肃认真的治学精神

杨宽 《文汇报》一九六二年九月二十日，第三版。

悼念李亚农同志——学习亚农同志坚持不懈、严肃认真的治学精神

载杨宽著，贾鹏涛整理《杨宽书信集》，上海：上海人民出版社二〇一九年十二月第一版。

二三

学术简报：李亚农遗著《欣然斋史论集》将出版

《光明日报》一九六二年九月二十日，第一版。

二四

国内史学动态：李亚农遗著《欣然斋史论集》出版

栗式祖 《历史研究》一九六二年第六期，一九六二年十二月十五日。

二五

《李亚农史论集》简评

李文俊　《文汇报》一九七九年四月二十日，第四版。

二六

书评：《李亚农史论集》新评

张志哲　《光明日报·史学（一三六）》一九七九年六月五日，第四版。

二七

活跃的殷代妇女——读《殷代社会生活》随记

张玟　《书林》一九八〇年第六期，一九八〇年十二月。

二八

李亚农（一九〇六—一九六二）

载张敏孝主编《中国民主革命时期人物简介》，辽宁大学历史系函授部一九八一年印。

二九

光辉的一生——李亚农同志传略

《史林》编辑部　《史林》一九八六年第三期。

三〇

怀念李亚农同志

陈修良　《史林》一九八六年第三期。

怀念李亚农同志

陈修良著　载姜沛南、沙尚之编《陈修良文集》，上海：上海社会科学院出版社一九九九年十月第一版。

三一
关于李亚农同志传略
张玫　《史林》一九八七年第一期，一九八七年三月。

三二
李亚农
官振雄　载任一民主编《四川近现代人物传》第五辑，成都：四川大学出版社　一九八八年十月第一版。

三三
《欣然斋史论集》（李亚农著）；《中国的奴隶制与封建制》（李亚农著）；《周族的氏族制与拓跋族的前封建制》（李亚农著）；《殷代社会生活》（李亚农著）；《西周与东周》（李亚农著）；《中国的封建领主制和地主制》（李亚农著）；《殷契摭佚续编》（李亚农著）
载谢保成编《中国史书目提要》，郑州：中州古籍出版社一九九一年九月第一版。

三四
郑振铎致李亚农、徐森玉一函
载仲伟行等编著《铁琴铜剑楼研究文献集》，上海：上海古籍出版社　一九九七年七月第一版。

三五
《李亚农史论集》简介
载上海社会科学院编《上海社会科学院精选著作简介（一九五八—一九九八）》，上海：上海社会科学院出版社　一九九八年九月第一版。

三六
一个藐视困难和死神的共产党人——『青年的好范畴』：李亚农的故事
孟昭禹　载中共上海市委党史研究室、中共上海市教育工作委员会编《上海英烈故事》下，上海：上海教育出版社　一九九九年四月版。

三七
马克思主义古史专家——李亚农传
何泉达　载姜义华主编《史魂：上海十大史学家》，上海：上海辞书出版社二〇〇二年四月第一版。

三八
文字学——《殷契摭佚》；《铁云藏龟零拾》
载马文熙、张归璧等编著《古汉语知识辞典》，北京：中华书局二〇〇四年五月第一版。

三九
学人传略：李亚农
载上海社会科学院历史研究所编《通变知几：上海社会科学院历史研究所五十年历程（一九五六—二〇〇六）》，二〇〇六年印。

四〇
著作提要：《李亚农史论集》
载上海社会科学院历史研究所编《通变知几：上海社会科学院历史研究所五十年历程（一九五六—二〇〇六）》，二〇〇六年印。

四一
李亚农与叶笑雪
载叶冈著《散点碎墨》，上海：文汇出版社二〇〇八年五月第一版。

四二
李亚农先生片忆
洪廷彦　载上海社会科学院院庆办公室编《往事掇英——上海社会科学院五十周年回忆录》，上海：上海社会科学院出版社二〇〇八年八月第一版。

四三
陪伴在李亚农同志生命的最后岁月里
徐鼎新　载上海社会科学院院庆办公室编《往事掇英——上海社会科学院五十周年回忆录》，上海：上海社会科学院出版社二〇〇八年八月第一版。

四四
转业地方（摘录）
载徐鼎新著《七十年风雨人生路——徐鼎新自传》，上海彩世电脑制版印务有限公司二〇〇八年承印。

四五
致力研史，兼推教育——李亚农
载哈战荣著《中国科学院第一批学部委员（哲学社会科学部）》，北京：中国大百科全书出版社 二〇一〇年一月版。

四六
致李亚农、徐鸿宝（二件）
载张元济著《张元济全集》第一〇卷，北京：商务印书馆二〇一〇年十一月第一版。

四七
与李亚农谈后感
载顾颉刚著《宝树园文存》卷六，顾颉刚全集本（三八），北京：中华书局 二〇一一年一月版。

四八
致李亚农、徐森玉一通
载顾颉刚著《顾颉刚书信集》卷三，顾颉刚全集本（四一），北京：中华书局 二〇一一年一月版。

四九
我的父亲李亚农
李小骝口述　樊波成采访整理　《史林》二〇一一年增刊，二〇一一年八月三十日。
我的父亲李亚农
李小骝口述　樊波成采访整理　载上海市历史学会编《上海史学名家印象记》，上海：上海人民出版社二〇一二年十二月第一版。
五〇
李亚农
载上海社会科学院老干部办公室编《上海社会科学院离休干部名录（内部资料）》，二〇一二年印。
五一
中国历史部分——上古至隋唐（李亚农论殷周之际社会变化中的军事组织与社会组织，李亚农描写周的奴隶制及其经过革命蜕变为封建制，李亚农论中国封建制的独特性，李亚农关于彻、助、赋、税）
载顾准著《顾准历史笔记》，北京：光明日报出版社二〇一三年九月第一版。
五二
政治部敌工部副部长——历史学家李亚农
载黄王奇主编《铁军侨魂》，北京：中国华侨出版社二〇一六年四月版。
五三
李亚农：穿军装的历史学家
载张海著《上海社会科学院经济研究所六十年：似水华年》，上海：上海社会科学院出版社二〇一六年九月版。

五四
忆李亚农
载汤志钧著《历史研究和史料整理》，上海：上海社会科学院出版社二〇一七年四月第一版。

五五
李亚农简介
县志办　载江津县政协文史资料研究委员会编《江津文史资料选辑》第五辑，出版时间不确。

五六
李亚农军代表签发的聘书
载《缅怀邓叔群》，出版时间不确。

图书在版编目（CIP）数据

李亚农古文字研究四种 / 李亚农著 ；马军编 . —
上海 ：上海社会科学院出版社，2020
ISBN 978-7-5520-3314-4

Ⅰ. ①李… Ⅱ. ①李… ②马… Ⅲ. ①汉字—古文字学—研究 Ⅳ. ①H121

中国版本图书馆CIP数据核字（2020）第179656号

李亚农古文字研究四种

著　　者：李亚农
编　　者：马　军
出 品 人：佘　凌
责任编辑：霍　覃
封面设计：周清华
出版发行：上海社会科学院出版社
上海顺昌路622号　邮编 200025
电话总机021-63315947　销售热线021-53063735
http://www.sassp.cn　E-mail:sassp@sassp.cn
照　　排：上海韦堇印务科技有限公司
印　　刷：广东虎彩云印刷有限公司
开　　本：710毫米×1010毫米　1/16
印　　张：34.75
字　　数：376千字
版　　次：2020年10月第1版　2020年10月第1次印刷

ISBN 978-7-5520-3314-4/H・059　定价：598.00元